Das Fasten der Mönche

In dem vorliegenden Buch wird der Begriff »Mönche« in traditioneller Form verwendet; er schließt immer auch die Frauengemeinschaften mit ein. Aus pragmatischen Gründen verwenden wir diese Bezeichnung auch für Ordensleute, die streng genommen kein monastisches Leben im Sinne der *stabilitas loci* führen, wie etwa Franziskaner (Minderbrüder), Augustiner (Chorherren) und Mitglieder anderer Gemeinschaften.

BIBLIOTHEK DER MÖNCHE

Herausgegeben von Peter Seewald

Bernhard Müller

Das Fasten der Mönche

HEYNE ‹

Wir danken insbesondere
Pater Rhabanus Petri OSB und seinen
Mitbrüdern vom Kloster Jakobsberg am Rhein
für die freundliche Unterstützung.

Konzeption: Peter Seewald
Fachliche Beratung: Pater Beda Sonnenberg OSB,
Abtei Plankstetten
Lektorat: Barbara Imgrund
Umschlagkonzept und -gestaltung: Hauptmann &
Kampa Werbeagentur, München – Zürich
Umschlagillustration: Das Fotoarchiv/
Andreas Riedmiller, Essen
Vor- und Nachsatz: Hans-Günther Kaufmann
Gestaltung und Satz: a. visus, München
Druck: Offizin Andersen Nexö, Leipzig
Printed in Germany 2003
ISBN 3-453-86929-X

Inhalt

Vorwort

»Der Weg zur Leichtigkeit heißt Fasten.«

»Warum eigentlich«, so fragte mich eines Tages mein vierjähriger Sohn, »können Engel fliegen?« Neugierig und wissbegierig blickte er zu mir auf, aber noch ehe ich antworten konnte, sprang er unbeschwert davon. »Klar«, rief er mir im Weglaufen zu, »weil sie so leicht sind.«

Wie gern wäre auch ich leichter gewesen. Leicht wie ein Engel. Oder wenigstens wie mein Kind. Man ist behäbig und unbeweglich geworden vom Essen und Trinken, von den allzu vielen Sorgen, die man sich macht, und von den Sehnsüchten, die man alle erfüllt sehen möchte und die manchmal wie eine Last auf den Schultern drücken. Ich wollte etwas ändern. Ich suchte regelrecht Entlastung – und gottlob half mir ein Freund auf die Sprünge.

»Geh ins Kloster«, meinte er, »faste bei den Mönchen! Der Weg zur Leichtigkeit heißt Fasten. Danach hast du wieder Kraft und Zuversicht. Alles lässt sich neu ordnen. Was verschwommen und unlösbar war, wird durchsichtig und klar. Das große optimistische Gefühl ist da. Manchmal glaubst du sogar, jeder gedachte Wunsch ginge sofort in Erfüllung. Dein Glücksgefühl strahlt aus. Du bist so leicht, so frei. Deine Leichtigkeit ist kein fauler Zauber. Du bist leichter nach dem Fasten, auf den Rippen und im Kopf.«

Über lange Zeit schien die religiöse Übung des Fastens in Europa nicht nur aus der Mode, sondern nahezu aufgegeben zu sein. Erst allmählich stellt sich heute wieder die Rückbesinnung darauf ein, dass Fasten mehr ist als ein Schlankhungern. Viele kommen erst darauf, wenn sie schon krank sind, ihre Linie verloren und ihre Pfunde längst teuer bezahlt haben. Es ist freilich nie zu spät, das Fasten zu lernen. Eines aber sollten Sie bedenken: Gehen Sie in die richtige Schule, in die Schule der Mönche, die das Fasten seit nahezu zwei Jahrtausenden pflegen. Fasten, von Medizinern als »Kur aller Kuren« gelobt, ist ein Königsweg zu körperlicher und geistiger Gesundheit, zu neuem Wohlgefühl und Lebensglück. Wagen Sie den Schritt – Sie werden in die Tiefe Ihres Seins vorstoßen und der Wahrheit näher kommen. Ich verspreche Ihnen, es wird gut ausgehen. Und danach werden Sie wissen, warum die Mönche seit all den Jahrhunderten die Wohltat des Fastens preisen und bis heute nicht davon lassen können.

Bernhard Müller

Willkommen
im Kloster

Die Stiege des Klosters auf dem Jakobsberg

»Wir nehmen jeden!«

»Das Meer verweigert auch den kleinsten Flüssen nicht den Zutritt, daher seine Tiefe.«
Chinesische Weisheit

Langsam und behäbig zwinge ich mich den Berg hinauf. Es ist ein heller Sommertag, Vögel zwitschern, und in der Ferne winkt schimmernd der Rhein – es ist fast so, als trage er mit jedem Höhenmeter, den ich zum Kloster emporsteige, gleichzeitig auch einen Teil meiner Sorgen davon. Mein Weg führt über beschauliche Rebenhänge und quer durch einen farbenfrohen Mischwald, bis ich über eine alte Holztreppe endlich mein Ziel erreiche, die Wallfahrtskirche der Vierzehn Nothelfer mit ihrer verheißungsvollen Abtei. Hier oben, bei den Benediktinern auf dem heiligen Berg, will ich fasten, will eine Woche aus dem Zuviel an Essen, Lärm und Bildern aussteigen und versuchen, wieder mehr zu mir selbst zu finden.

Seit 1720 bereits ist der Jakobsberg nahe Rüdesheim Zufluchtsort für Pilger. Zunächst lebten dort Eremiten, heute gehört das von den Missionsbenediktinern von St. Ottilien neu erbaute Ordenshaus zu den jüngsten Trieben am uralten Baum mönchischen Lebens. Jährlich finden hier Tausende von Menschen eine Quelle gegen das geistige und geistliche Verdursten. Und schon beim kurzen Aufstieg umfängt auch mich ein Gefühl, als ob ich von göttlichem Atem umgeben wäre.

»Beantworte mir die Fragen meines Lebens!«

Mein erster Gang führt mich in die Kirche. Die Kapelle ist so gebaut, dass sich der Blick jedes Besuchers unweigerlich auf den Altarraum richtet, wo in der Apsis Christus als Allherrscher in der Gestalt des auferstandenen Gottes den Eintretenden anschaut. In der linken Hand hält er das Buch mit den sieben Siegeln, das nur er zu öffnen vermag. Und beim Anblick dieses Bildes ist man versucht, auch selbst lauthals zu seufzen, wie es hier wohl Generationen von Pilgern auch getan haben mögen: »Öffne mir dein Buch, beantworte mir die Fragen meines Lebens.«

Im vorderen Teil der Kapelle sieht man über die gesamte Wandfläche hinweg eine schier endlos lange Reihe von Gestalten. Es sind Menschen aus den unterschiedlichsten Völkern und irgendwie fühle auch ich mich diesem endlosen Zug der Fragenden und Zweifelnden zugehörig. Bin nicht auch ich ein Suchender? Später erfahre ich, dass das von dem Benediktinerbruder Luzius Glazner gemalte Fresko eine Szene aus der Geheimen Offenbarung der Bibel darstellt: »Ich sah eine große Schar aus allen Völkern, Stämmen, Geschlechtern und Sprachen«, so hatte es der Evangelist Johannes aufgeschrieben, »und sie riefen mit lauter Stimme: »Das Heil kommt von unserem Gott, der auf dem Throne sitzt.«

Langsam und behutsam schließe ich die Kirchentür, und während ich zur Pforte hinübergehe, kommt mir Leo Tolstoi in den Sinn. Der russische Dichter hatte eines Nachts bei Wind und Sturm Hilfe suchend an eine Klostertür geklopft. Ob er denn hier, fragte er zögernd, trotz seiner Exkommunikation übernachten dürfe. Die Antwort des Pförtners war schlicht – und von umwerfendem christlichem Geist: »Wir nehmen jeden!«

Als ich schließlich vor Pater Rhabanus stehe, einem Mönch um die vierzig, von dem ich das Fasten lernen will, sehe ich in die wachen Augen eines dünnen, bartlosen Mannes. Sein Name kommt aus dem Althochdeutschen und bedeutet »Rabe«. Er ist eine eher asketisch wirkende Gestalt, aufgeräumt, mit beiden Beinen auf dem Boden der Tatsachen stehend. Und ich hatte befürchtet, ich, der Weltmensch, könne ihn, den Klostermenschen, womöglich gar nicht richtig verstehen, zu verschieden seien die beiden Welten! Nun zeigt sich freilich schnell, dass meine Angst unbegründet war.

Der schlaksige Pater nimmt mich herzlich in Empfang, und die Art, wie er spricht, und das, was er sagt, lässt auf Anhieb Vertrauen entstehen. »Ruhen Sie sich erst einmal aus«, meint er, und noch ehe die Koffer auf meinem Zimmer stehen, spüre ich, dass ich mich tatsächlich auch in einen gewissen Schonraum begeben habe, der mir aus dem Getriebe des Alltags ein wenig heraushelfen könnte.

Damit unser Herz Ohren bekommt

Die Geschichte des Jakobsbergs in der Nähe von Rüdesheim am Rhein reicht zurück bis in die vorrömische Zeit. So verweisen Funde von Werkzeug, Haus-

Pater Rhabanus

und Arbeitsgeräten auf eine Besiedlung bereits 4000 Jahre vor Christus. In römischer Zeit kreuzten sich in Ockenheim, dem Ort am Fuß des Jakobsbergs, römische Heerstraßen. Viel später, im Jahr 1720, begründete der damalige Pfarrer Blasius Caesar eine Wallfahrt zu Ehren der berühmten vierzehn Nothelfer – einer Reihe von Schutzheiligen für unterschiedlichste Belange – auf dem Ockenheimer Berg, die sich rasch entwickelte. Lebten zunächst immer wieder Einsiedler am Ort der Wallfahrt, so ließen sich im Jahr 1921 Trappisten aus der niederländischen Abtei Echt auf dem Jakobsberg nieder. Von 1951 bis 1960 beherbergte das Kloster das Noviziat der Ostdeutschen Provinz des Jesuitenordens und seit Ende 1960 führen Mönche der Erzabtei der Missionsbenediktiner von St. Ottilien das Haus.

Durch das offene Fenster meiner neuen »Klause« höre ich Vögel. Manchmal klingt es wie Singen und manchmal auch wie Gezänk. Über hundert Arten sollen hier als Wintergäste oder Durchzügler Lebensraum finden – diese Vielfalt wird nur noch von den 230 seltenen Farn- und Blütenpflanzen überboten, die auf dem Jakobsberg dank seiner einzigartigen Bodenbeschaffenheit gedeihen. »Sie werden sehen, Fasten tut gut! Es wird Sie frei machen vom Üblichen«, so hat mich der Pater noch aufgemuntert, »Sie werden zu sich selbst finden. Fasten ist eben viel, viel mehr als nur nichts essen.«

Der Mönchspriester erzählte mir gleich nach meiner Ankunft ein wenig von seinem Ordensgründer, dem heiligen Benedikt, der im 6. Jahrhundert in Monte Cassino im Süden Italiens eine Regel für seine Gemeinschaft schrieb, die zur Grundlage für das gesamte europäische Mönchtum wurde. Diese Regel beginnt mit einem kleinen Wort. »Höre!« heißt es ganz am Anfang. Und das hat seinen Grund. »Das Hören«, erklärt

Pater Rhabanus, »muss nämlich eingeübt werden.« Und nur wer wirklich frei sei, beherrsche diese Grundhaltung der geistlichen Kunst.

Eine seltsame Vorstellung, aber wohl wichtig: damit unser Herz Ohren bekommt!

Neugierig lasse ich mich auf diesen Weg ein. Der Jakobsberg erscheint mir am Tage meiner Ankunft wie eine blühende Wüste. Inmitten großer Stille stehen die Ähren in vollem Wachstum, die Trauben kurz vor der Reife. Ich

> »HÖREN IST KEINE
> FÄHIGKEIT, DIE MAN
> EINMAL ERLERNT
> UND DANN STÄNDIG
> BESITZT. ES ERFORDERT
> LEBENSLANGES ÜBEN.
> DAZU DIENT AUCH
> DAS FASTEN.«

bin herausgetreten aus dem Alltag und seinen Zwängen – auch dem des Essenmüssens. Ich hänge meine Jacke an die Garderobe des kleinen Zimmers im Gästehaus des Klosters. Mir ist, als legte ich damit nicht nur eine schwere Weste ab, sondern auch einen Panzer, der mich bisher gut geschützt hat. Fasten macht möglicherweise auch schutzlos, nackt, überlege ich, und unverzüglich muss ich dabei an Adam und Eva denken. Vielleicht kindisch, aber irgendwie stimmt es mich zuversichtlich, dass es hier auf dem Berg bei aller Vielfalt der Tierwelt wenigstens keine Schlangen gibt.

Im Vorgebirge
des Ewigen

Meteora-Kloster in Griechenland

Eine kleine Kulturgeschichte des Fastens – und was Sie dabei alles entdecken können

Worüber reden wir eigentlich, wenn wir vom Fasten sprechen? Ist das nur so eine Art Fitnessprogramm? Ein Kalorienentzug, den wir in ermüdender Anstrengung immer wiederholen müssen, weil er ohnehin nicht lange wirkt?

> »Durch Entsagung werde stark, was müde ist und schwach und krank.«
>
> Hymnus der Mönche zur Fastenzeit

Oder ist es weit mehr als nur eine Kampfansage an allzu viele Pfunde? Geht es da möglicherweise um Zusammenhänge, die wir aus dem Blickfeld verloren haben? Warum gibt es das Fasten in allen Kulturkreisen der Erde? Warum haben die unterschiedlichsten Religionen einen so ausgeprägten Bezug zum Fasten?

Und weiter: Was ist mit unserer eigenen, der abendländischen, der christlichen Tradition des Fastens? Woher kommt sie eigentlich und was kann man damit anfangen? Ist der Umgang mit dem Fasten wirklich so bedeutend, dass man damit nicht nur auf den Zustand des einzelnen Individuums, sondern auch auf den der ganzen Gesellschaft schließen kann? »In Europa«, so schreibt der Journalist Paul Badde in einem Bericht aus Jerusalem, »scheint das Fasten schon lange in Vergessenheit geraten zu sein, zuerst in den Kirchen und dann in der ganzen Gesellschaft.« Aber niemand, so warnt der kritische Beobachter, solle denken, »dass dieser Substanzverlust des Humanen nicht auch irgendwann fatale gesellschaftliche Folgen für alle haben muss und haben wird.«

Mythos Fasten

FASTEN HAT UNZÄHLIGE FACETTEN. ES IST LOSLASSEN UND ENTSPANNEN. ES IST REINIGUNG UND UMKEHR.

Fasten ist Kampf gegen die Anfechtungen des Bösen und zugleich Erfahrung von Tröstung, Freude und Frohsinn. Es ist ein wunderbarer Weg zur Konzentration, ein Weg zur Erfahrung der Sinne, ein Weg zum Ich, zur eigenen Seele. Eine Übung der Besinnung, der Reue, des Zuhörens, des Teilens. Es ist die Wiederentdeckung der Gefühle, die Einsicht in das, was wirklich wichtig ist. Und es ist letztlich, über das Selbst hinaus, ein Weg zum Licht, zu Gott, zum Urgrund unserer Schöpfung, ohne den wir im Grunde nur das halbe Leben leben können.

Fasten ist das Paradox schlechthin: Gewinn durch Verlust, Zunahme durch Abnahme, das Geringere ist das Größere ... Über alle Zeiten hinweg gehört diese meist in rituellen Formen geübte Entsagung zu den unverzichtbaren Geheimnissen aus dem Erbe der Menschheit – ein Königsweg, der über die Schwellen der Entsagung nicht etwa zur Schwäche, sondern immer wieder zu neuer Klarheit und Stärke führt.

Fasten als kulturelle Meisterleistung

Im Gegensatz zu unseren Breiten fällt das Fasten im Heiligen Land, der Wiege christlicher Fastenpraxis, in eine Zeit, da die Natur den Tisch so reichlich deckt wie sonst das ganze Jahr nicht mehr. Die Hügel sind von einem zarten Grün überzogen und duften nach Thymian. Der Jerusalemer Basar quillt über vor frischen Kräutern und der Ernte aus den Bergen Judäas: Salbei, Kamille, wilder Oregano, Petersilie, Schalotten,

Katharinenkloster am Berg Sinai

frisches Obst und Gemüse. Es ist eine Zeit höchster
Fülle. Hier war das regelmäßige lange Fasten vor
Ostern also nie eine Tugend aus Not, sondern stets Verzicht aus der Einsicht heraus und somit eine kultu-
relle Meisterleistung.

Nach Basilius dem Großen, dem eigentlichen Vater des Mönchtums im Orient, ist »Fasten genauso alt wie der Mensch«, und zwar deshalb, »weil es im Paradies befohlen wurde«. Die Bibel ist voll von Geschichten über Fastenzeiten und berühmte Fastenmeister. Moses fastete am Sinai vierzig Tage und Nächte, bevor er das Gesetz Gottes in Empfang nehmen durfte. Der Prophet Jona konnte das angedrohte Strafgericht Gottes über die Stadt Ninive nur dadurch abwenden, indem er die Einwohner zu einem allumfassenden Fasten bewegte. Und auch der Prophet Elija ging vierzig Tage fastend in die Wüste, um sich auf eine große neue Mission vorzubereiten.

Hier, in diesem Teil der Wüste, wo der Boden für gewöhnlich rostrot und schiefergrau aufleuchtet, muss es gewesen sein, wo auch Jesus sich vor seinem öffentlichen Auftreten durch ein vierzigtägiges Fasten stärkte.

Der Mann aus Nazareth wollte Fesseln sprengen, und so brachte er ein neues Gesetz in die Welt, das die nahezu unüberschaubar gewordenen Details religiöser Bestimmungen außer Kraft setzte. Ein Kostverächter aber war der »Menschensohn«, wie wir wissen, eher nicht. Die Pharisäer nannten ihn gar »Fresser und Weinsäufer«, und einmal, als in Kanaa der Wein ausging, sorgte er auf wundersame Weise sogar für Unmengen an Nachschub.

Jesus stand in einer langen Fastentradition seines Volkes. Den frommen Juden waren drei Dinge wichtig: das Fasten, das Gebet und das Almosengeben. Sie fasteten grundsätzlich zweimal in der Woche, am Montag und am Donnerstag. Schon das dritte Buch Mose, ganz am Anfang der Bibel, erhebt das Fasten zum ewig gültigen Gesetz, und zwar zur Sühne und Reinigung. Auch an vielen späteren Stellen im Alten Testament wird die Forderung Gottes nach dem Fasten wiederholt: So fasteten die Israeliten aus Trauer über eigene Sünden, zur Unterstreichung ihrer Bußgesinnung und ihres Bittgebetes oder auch als Ausdruck ihrer Hingabe beim Gottesdienst. Auch wenn ein geliebter Mensch im Sterben war, fastete man – so wie David es tat, als sein Sohn auf dem Totenbett lag. Welche Kraft dem Fasten dabei zugetraut wird, davon zeugt der Talmud, die Hauptschrift des Judentums, in dem es heißt: »Wer betet, ohne erhört zu werden, muss zu fasten beginnen.«

Fasten freilich ist beileibe keine ausschließlich jüdisch-christliche Besonderheit. Wir finden es in allen Kulturen und Religionen. Von den großen Religionsstiftern Christus, Buddha und Mohammed wissen wir, dass sie lange Fastenzeiten zur Vorbereitung auf ihren öffentlichen Auftritt hielten. Vom Buddha ist überliefert, er habe in jungen Jahren ausgiebig gefastet, um auf dem Pfad der Erleuchtung voranzuschreiten. Er dehnte das Fasten so weit aus, bis er sich nur noch von einem Samenkorn am Tag ernährte.

Gandhis Fasten befreit einen Subkontinent

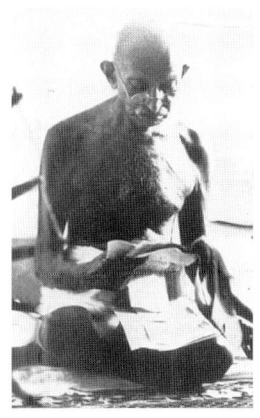

Mahatma Gandhi

Im Hinduismus gehört das Fasten zur Religionsausübung. Fasten wird als eine Bedingung für den spirituellen Fortschritt angesehen: Es gibt kein Gebet ohne Fasten. Einer der bekanntesten Faster war der Hindu Mahatma Gandhi, der nahezu allein durch Fastenaktionen die englischen Besatzer aus seiner Heimat vertrieb. Gandhi wusste dabei sehr genau, dass das Fasten selbstlos bleiben musste, sollte es eine positive Wirkung zeitigen: »Ich kann für meinen Vater fasten«, erklärte er einmal, »um ihn von einem

Laster zu befreien, aber ich kann es nicht tun, um eine Erbschaft von ihm zu bekommen.«

Gandhi hatte demnach dieselbe Fastenhaltung, die wir auch bei den Mönchen entdecken und die eine so ungemeine Ausstrahlung besaß, dass in den Dreißigerjahren des letzten Jahrhunderts in London ein geflügeltes Wort die Runde machte: »Wenn in Neu-Delhi der Aufstand tobt, lächelt man in Whitehall, wenn aber Gandhi zu fasten beginnt, zittert die ganze Downing Street.«

Für gläubige Moslems wiederum ist Fasten eine der fünf Säulen ihrer Religion, neben dem Pilgern nach Mekka, den täglichen Gebetszeiten, dem Glaubensbekenntnis zu Allah und dem Almosengeben. Während des jährlichen Fastenmonats Ramadan verzichten die Muslime tagsüber auf Essen, Trinken, sexuelle Aktivitäten und selbstverständlich auch auf das Rauchen. Dagegen versuchen sie während der Fastenzeit allen Mitmenschen freundlich und freigebig zu begegnen. Das tägliche Fastenbrechen am Abend ist Anlass zum gemeinsamen Essen und Beten. Der Ramadan selbst endet schließlich mit einem gewaltigen Fest. Darüber hinaus fasten Muslime zu bestimmten »heiligen Nächten«, an Gedenktagen, zur Buße oder aus ganz persönlichen Gründen.

Die Mönche als Lehrer des Fastens

Heute wird die Übung des Fastens vielfach in teuren Fastenkliniken angeboten, um erfolgreich abzuspecken oder Krankheiten zu kurieren. Als die ursprünglichen Lehrer dieser Kunst aber kann man mit Fug und Recht die Mönche nennen. Sie sind seit nunmehr fast 2000 Jahren die eigentlichen Hüter der Fastengeheimnisse. »Es gibt keinen höheren Beruf als den Mönchsberuf«, rief der russische Dichter Nikolai Gogol aus, als er bei den Ordensleuten das Fasten erlernt hatte. Dichter wie Hugo von Hofmannsthal und Gerhart Hauptmann trugen so viel vom monastischen Leben in ihrem Innern, dass sie den Wunsch aussprachen, in einem Mönchshabit begraben zu werden. Und der protestantische Schweizer Schriftsteller Walter Nigg kommt, sicher auch mit Blick auf die in ungebrochener Tradition geübte Kunst des mönchischen Fastens, zu der Feststellung: »Die katholische Kirche besitzt in den Orden ihre unversiegliche Brunnenstube, in der alle Wasser rieseln und ohne die das christliche Land weitgehend eingetrocknet wäre ... Immer ist es das Mönchtum gewesen, welches die sinkende Kirche gerettet hat.«

In der Tat waren es gerade auch die Ordensleute, die der Kirche über die Jahrhunderte unverzichtbare geistige Schätze zur Verfügung stellten. Die geweihten Frauen und Männer bewahrten von Generation zu Generation nicht nur spirituelle Geheimnisse, die ansonsten – auch in der Kirche – in Vergessenheit geraten wären. Letztlich ist die abendländische Zivilisation ohne ihr Schaffen gar nicht vorstellbar. Und auch wenn viele Klöster in den vergangenen Jahrzehnte verwaisten: Noch immer bergen sie eine Art Samenkorn in sich – das zu jeder Zeit, ganz plötzlich, wieder zu keimen beginnen kann.

Wie die Mönche einen Urschatz bergen

DIE ERSTEN MÖNCHE WOLLTEN IHR HERZ ÖFFNEN FÜR GOTT. FASTEN HALF IHNEN DABEI, IHRE LEIDENSCHAFTEN IN DEN GRIFF ZU BEKOMMEN.

Den ersten christlichen Mönch, der schon wenige Jahrzehnte nach dem Entstehen des Christentums alles zurückließ, um in der Nachfolge Jesu in die Wüste zu gehen, trieb nicht irgendein Ekel vor der Welt. Wie Abraham sein Land verlassen hatte, wie Elias und Johannes der

Wüstenkakteen können lange Trockenperioden überdauern.

Täufer in Enthaltsamkeit und Keuschheit von der Schau Gottes lebten, so ging auch der Eremit Antonius aus der Menschenstadt fort, in die trockene und öde, tags sengend heiße, nachts bitterkalte Wüste, um sich ganz Gott hinzugeben.

Die frühen Mönche suchten drei Dinge in der Wüste: Gebet, Fasten und Einsamkeit. Die Behausungen waren unbequem, eng, die Kleidung einfach, der Schlaf knapp und das Essen nach tagelangem Fasten äußerst bescheiden. Diese Männer kämpften, so wird berichtet, »täglich wie Athleten und gewannen durch diesen Kampf die Beherrschung von Zunge und Bauch, die vollkommene Besitzlosigkeit, die wahre Demut und die Heiligung des Leibes«.

In einer Seele, in die keine lärmende Geschäftigkeit mehr dringt, zeigen sich dem Menschen sowohl Größe als auch Gefährdung seines eigenen Seins. Die alten Mönche flüchteten nicht aus Lebensverdrossenheit

aus der Welt, ganz im Gegenteil: Die Wüste galt als das Herrschaftsgebiet der Dämonen, und diesen wollten sie sich stellen, mit Fasten und Gebet. Nicht selten erlebten sie ihr Inneres dabei als regelrechtes Schlachtfeld, auf dem der Hauptfeind tobte: der eigene Wille. Matthias Grünewald stellte im *Isenheimer Altar* die Versuchung des Antonius durch die Höllen-

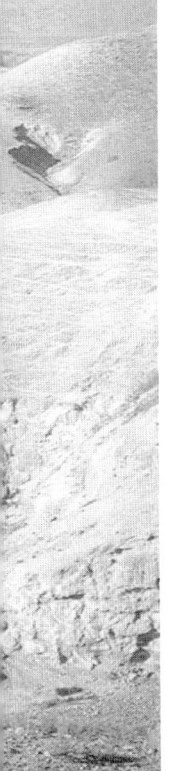

geister dar. Antonius liegt dabei ausgestreckt am Boden, bedroht von beängstigenden Larven und Geistern, die ihn quälen und sich an seinem Bart vergreifen – und von oben her schaut Gott dem Ringen des heiligen Athleten zu. Als Antonius den Herrn befragt, warum er nicht gekommen sei, antwortet Gott: »Antonius, ich war hier, aber ich wartete, um dein Kämpfen zu sehen. Da du im Streit bestanden hast, ohne zu unterliegen, werde ich dir immer hilfreich sein und ich werde dich berühmt machen an allen Orten.« Wer im Kampf mit den Dämonen nicht abstürzt, so die

Die Wüste von Judäa, Siedlungsstätte der ersten Eremitenmönche

IM FASTEN STREBEN DIE MÖNCHE NACH DEM VON CHRISTUS VER-HEISSENEN HEIL, UM MEHR UND MEHR VOM REICHTUM DES LEBENS ERFÜLLT ZU WERDEN.

Erkenntnis dieser Zeit, der kennt alle Geheimnisse der Seele.

Das größte Erlebnis eines Gott-suchers ist eben nichts anderes als die Begegnung mit Gott selbst. Mit dem Fasten verzichtet er dabei auf eigene Wünsche und Bedürfnisse, die seinen Blick verstellen könnten. Dass es sich dabei um eine lebenslange Aufgabe handelt, gab bereits Antonius seinen Schülern mit auf den Weg: »Die Früchte der Erde reifen nicht in einer einzigen Stunde, sondern brauchen Zeit und Regen und Pflege. Ebenso gedeiht auch die Ernte eines Menschenlebens erst durch Askese, tätige Ausübung, im Lauf der Zeit, durch Ausdauer, Selbstbeherrschung und Geduld.«

Grundelement des Lebens

Fasten gilt seit jeher als ein Grundelement des Lebens selbst, das weit über die Spezies Mensch hinausgreift. Die Zugvögel etwa legen weite Strecken fastend zurück, die Lachse schwimmen fastend Hunderte von Kilometern die Flüsse zum Laichen hinauf. Während die männlichen Pinguine in der Antarktis die Eier der Jungen bebrüten, fasten sie. Auch das Puppenstadium der Insekten kann als Fasten angesehen werden. Und am Ende dieser Phase der Entsagung ist hier ein wunderschöner Schmetterling entstanden, dort sind die jungen Pinguine geschlüpft, und die Zugvögel und

Das Fasten der Urchristen

Schon die ersten Christengemeinden übernahmen das Fasten in einer erneuerten Form von den Juden. Sie fasteten zwei Tage in der Woche, mittwochs und freitags, in Erinnerung an das Sterben Jesu, und betrachteten es als Zeichen für ein frommes und gottgefälliges Leben. Bald entstand auch eine Fastenzeit vor dem Osterfest. Im zweiten Jahrhundert ist die Rede von ein bis sechs Tagen, später von einer Woche. In der ersten Hälfte des vierten Jahrhunderts spricht der Kirchenlehrer Athanasius bereits von der vierzigtägigen Fastenzeit. Analog dazu entwickelte sich später mit dem Fest der Geburt Christi eine entsprechende Fastenzeit vor Weihnachten, der Advent. Sehr früh schon kannte man das Fasten als Vorbereitung auf eine Sendung: die Taufe oder die Einsetzung eines Bischofs. Das Fasten vor dem Empfang der Eucharistie ist ab dem dritten Jahrhundert nachweisbar.

Lachse haben das Ziel der weitesten Reise ihres Lebens erreicht.

Natürlich gingen die Mönche weit über das naturalistische Maß hinaus. Das christliche Fasten hatte von Anfang an auch seine Bedeutung als Dienst an Gott: »Sie hielten Gottesdienst und fasteten«, heißt es bereits in der Apostelgeschichte (13, 2), denn die Gläubigen wollten bessere Menschen werden.

Doch weder die Kirche noch die Mönche hinterließen uns eine exakte Gebrauchsanleitung für eine christliche Fastenpraxis. Es bleibt dem Einzelnen die Freiheit zu einer individuellen Gestaltung. Denn den Mönchen ging es nicht zuerst um den leeren Magen, sondern um das hingegebene Herz! Darum kann auch jemand, der eine Woche nicht raucht, das größere Fastenopfer darbringen als einer, der eine Woche nur von Wasser und Tee lebt.

Tipps und Tricks im klösterlichen Leben

Es war der Theologe Buchard von Worms, der im 11. Jahrhundert die Fastenvorschriften in strenge Regeln fasste und den technischen Begriff der »Absti-

Betende Brezen

Wussten Sie, dass die Breze eine Erfindung aus der Fastenzeit ist? Das Laugengebäck galt als ideales Stärkungsmittel für die Zeit des Verzichts, weil es sowohl fleischlos als auch nahr- und schmackhaft ist. Der Ausdruck Breze leitet sich vom lateinischen *bracchium* her, dem Arm«. Denn die Form dieser Breze soll nichts anderes als die gekreuzten Arme eines Mönchs symbolisieren: die Haltung der Ordensleute, wenn sie beim Gebet sind.

nenz« prägte, also der Enthaltung von Fleischspeisen. Während die einfachen Gläubigen offenbar die Fasttage der Kirche beachteten und die kirchlichen Gebote weitgehend getreulich befolgten, gibt es genügend glaubwürdige Berichte, die belegen, dass viele Mönche es verstanden, den Buchstaben der geltenden Fastenregeln zu entsprechen, zugleich aber ihrem Geist zu widersprechen.

Vielleicht ist es einfach nur allzu menschlich, dass man auch in den Klöstern nach Schlupflöchern suchte, um sich die harten Fastenzeiten ein wenig erträglich zu gestalten. Die klösterliche Kochkunst entfaltete jedenfalls einen ungemeinen Ideenreichtum. Alles, was schwamm oder mit Wasser in Berührung kam, galt in manchen Klöstern als fleischlos und durfte auch während der Fastenzeit verzehrt werden: Schwäne, Pfauen, Fischreiher, Fischotter und Biber füllten daher den »fleischlosen« Fastenspeiseplan.

Auch umgekehrt wurde getrickst: Man kochte und entbeinte Schwein, Wild und Geflügel. Das zerkleinerte Fleisch kneteten findige Helfer mit Fett und Gewürzen zu einer formbaren Masse, um daraus schließlich Karpfen, Forellen und Krustentiere zu kneten – eine wundersame Verwandlung für den ganz anderen Genuss. Und da war auch noch die Geschichte von dem Bischof, der gern auf die Jagd ging und einen schönen Rehbock erlegte. Er ließ ihn kurzerhand in einen nahen Tümpel werfen. »Siehe, er schwimmt«, rief der geistliche Würdenträger aus und taufte den Bock auf den Namen »Karpfen«.

Von Sankt Franziskus und seinem Öl

Not macht erfinderisch, und so ließen sich die Mönche in der Fastenzeit – getreu dem Grundsatz »Trinken bricht das Fasten nicht« – ein Spezialgetränk einfallen, das vielfach noch heute, zumindest in Bayern, bereits durch Namen wie Franziskaner, Paulaner oder Augustiner seine Herkunft verrät.

So »retteten« sich mit Hilfe ihrer Braukunst viele Klöster über die wochenlange essensarme Fastenzeit hinweg. Mit Ausnahme des Hopfens enthält Bier schließlich die gleichen Bestandteile wie das Grundnahrungsmittel Brot, nämlich Wasser, Getreide, Hefe. Wenn man es nur kräftig und dick genug einbraute, konnte man davon durchaus satt werden. Hinzu kam, dass die Paulaner, ein Seelsorgeorden mit strenger

Bier und Brezen, die Fastenspeisen der Mönche

Bierkrüge aus dem Kloster Schussenried

Fastenobservanz, nun ausgerechnet mitten in der Fastenzeit, am 2. April, alljährlich den Festtag ihres Ordensgründers, des heiligen Franz von Paula, feiern »mussten«. Was also tun? Für den Feiertag im Kloster brauten die treuen Mönche endlich ein ganz außergewöhnliches. Festtagsbier, noch stärker als das Starkbier »Einböckischer Art«, wie es bis dahin im Münchner Hofbräuhaus gebraut wurde: Der »Doppelbock« war geboren. Zu Ehren ihres Ordensvaters bekam das

Starkbier einen wunderbaren Namen und wurde ab sofort »des heiligen Franz Öl« oder auch »Sankt-Vaters-Bier« genannt. »Das erste Mal«, lobte der Geheime Rat Johann Wolfgang von Goethe, »schaudert man, und hat man's eine Woche getrunken, so kann man's nicht mehr lassen.«

Während die Fastenvorschriften zwar Fleisch und Eier und teilweise auch Milchprodukte verboten, waren Süßspeisen dort nicht ausdrücklich genannt. Viele Klosterbrüder züchteten Bienen, weil sie Wachs für ihre Altarkerzen benötigten. Da Wachs ja nur ein Nebenprodukt des Bienenfleißes ist, gab es in mittelalterlichen Klöstern fast nichts, was nicht mit Honig versüßt war. Die feinsten Schleckereien entstanden aus Mandeln und Honig. Selbst vom Vater der Bettelorden, dem heiligen Franz von Assisi, wird berichtet, dass er sterbend um das süße Mandelgebäck von Schwester Jakobine gebeten habe. Als in Südamerika spanische Nonnen aus einem ungenießbaren indianischen Getränk unsere heutige Schokolade entwickelten, entschied Papst Pius V. ausdrücklich: Wer Schokolade verzehrt, bricht keinerlei Fastengebot. Das hatte unbeabsichtigte Folgen. Wie es heißt, wurden danach in manchen europäischen Klöstern gerade in der Fastenzeit »wahre Schokoladenorgien« gefeiert.

Von Idealen und
von der Wirklichkeit

Wurden wenige hundert Jahre zuvor noch Mitbrüder, die in der Fastenzeit fleischlich gesündigt hatten, sogar mit dem Tode bestraft, so sagt man dem heiligen Thomas von Aquin eine nur allzu irdische Körperfülle nach: Er sei so extrem dick gewesen, dass an seinem Platz ein Halbkreis in die Tischplatte gesägt werden musste. Askese hatte also nicht immer Hochkonjunktur. In Saint-Germain-des-Prés zum Beispiel, einer Abtei vor den Toren von Paris, verzehrte vor tausend Jahren ein ganz normaler Mönch an einem Wochentag fast 7000 Kalorien. Zum Vergleich: Einem Lehrer werden heutzutage gerade einmal ungefähr 2400 Kalorien zugestanden. Und nicht einmal böse Zungen werden behaupten, dass die Lehrer von heute kleiner wären als die Mönche des Mittelalters.

Warum aber, so fragt der ehemalige Dominikaner Hans Conrad Zander in seiner *Kleinen katholischen Kalorienkunde*, haben dann diese Männer Gottes, die doch einem hohen Ideal der Entsagung nacheiferten, so maßlos »gefressen und gesoffen«? Seine Antwort: Ideal und Wirklichkeit passten nicht zusammen. Das Ideal dieser Epoche waren Menschen wie der heilige

Mönch Romuald, der täglich nur eine Hand voll Erbsen aß, oder der heilige Zölestin, für den das Jahr nicht nur eine, sondern sechs Fastenzeiten hatte, oder der große Wüstenvater Antonius, der niemals vor Sonnenuntergang etwas aß oder trank. Und die Wirklichkeit: Ob Mönch oder nicht, im Mittelalter hatten die Menschen panische Angst vor dem Hungertod. Fiel das Wetter schlecht aus oder brach ein Krieg aus, waren sofort ganze Länder vom Hunger bedroht.

Selbst die Völlerei von Adeligen und Mönchen muss unterschiedlich bewertet werden. Während die Ritter wohl fröhlich drauflosgegessen haben, ist die Essensgeschichte der Mönche des Mittelalters vielmehr eine Geschichte des schlechten Gewissens. Freilich, Dekadenz bleibt nie ohne Folgen. Klöster, in denen nicht mehr gebetet und gefastet wird, sind »tote Klöster«, und ihre Bewohner werden nur allzu leicht zu tragischen Karikaturen: komische, sich selbst gefangen haltende Gestalten, die, wie der heilige Benedikt es in seiner Regel ausdrückt, »Gott mit ihrer Tonsur belügen«. Der

> »IM GRUNDE WAR ES EIN GESUNDER, EIN NATÜRLICHER INSTINKT DER SELBSTERHALTUNG, DASS DER MITTELALTERLICHE MENSCH IMMER DANN, WENN ETWAS DA WAR, SO VIEL HINUNTERSCHLANG WIE NUR MÖGLICH.«
> Hans Conrad Zander

französische Schriftsteller François Mauriac hat das böse Wort vom »Snobismus der großen Orden« geprägt, deren »Geisteszustand sich nicht allzu sehr von dem der Mitglieder eines Jockeyklubs unterscheidet«. Und in der Tat: Wo immer die Völlerei in den Klöstern überhand nahm, ging es nicht nur mit der ganzen Klostergemeinschaft bergab. Weil das Mönchtum mit das wichtigste Kraftzentrum der katholischen Kirche darstellt, wurde, wann immer die Orden ihre Ideale vergaßen oder verrieten, die ganze Kirche davon in Mitleidenschaft gezogen.

Vom Besten im Menschen

In der Tradition des Christentums steht Fasten nie allein für sich. Der Dreiklang der Mönche und ihrer Kirche lautet: Beten, Fasten, Teilen. Zu Beginn jeder Fastenzeit am Aschermittwoch wird deshalb in allen Gottesdiensten an die Mahnung Jesu aus der Bergpredigt erinnert, diese drei Übungen nicht nur zu achten, sondern sie insbesondere auch im Verborgenen zu praktizieren. »Wenn du Almosen gibst, soll deine linke Hand nicht wissen, was deine rechte tut … Wenn du

Die Fastenordnung der Kirche

Das neue Kirchenrecht der katholischen Kirche von 1983 enthält nur wenige weltweit zu beachtende Bestimmungen über diese Frage; Details sind den nationalen Kirchen anheim gestellt. Während es in den protestantischen Kirchen generell keine Fastenvorschriften gibt, hat die Deutsche Bischofskonferenz 1986 in ihrer Bußordnung festgelegt: An Fasttagen sind eine einmalige Sättigung und gegebenenfalls zwei kleine Stärkungen erlaubt. Verpflichtet zum Fasten sind alle Katholiken vom vollendeten 21. bis zum begonnenen 60. Lebensjahr. Entpflichtet sind alle, die das Fasten nicht ohne schweren Nachteil einhalten können wegen Körperschwäche, Armut oder Anstrengung.

Dabei kennt die Kirche nur noch zwei verbindliche Fasttage: den Aschermittwoch und den Karfreitag. Der Verzicht auf Fleischspeisen (Abstinenz) ist darüber hinaus an den Bußtagen zu halten, also allen Freitagen eines Jahres, die nicht auf ein Hochfest fallen. Erfüllt wird das Abstinenzgebot nach einer Ausweitung aber auch durch eine allgemeine Einschränkung des Konsumverhaltens, durch Verzicht auf Genussmittel oder durch Werke der Nächstenliebe und der Frömmigkeit (z. B. Besuch der Werktagsmesse). Jeder Katholik kann demnach selbst entscheiden, ob er am Freitag lieber auf das Fleischessen verzichtet oder eine andere Einschränkung für sinnvoller hält. Verpflichtet zur Abstinenz sind alle Katholiken, die den Vernunftgebrauch erlangt und das 14. Lebensjahr vollendet haben.

betest, geh in deine Kammer und schließ die Tür zu;
dann bete zu deinem Vater, der im Verborgenen ist …
Wenn du fastest, salbe dein Haar und wasche dein
Gesicht, damit die Leute nicht merken, dass du fastest.« (Matthäus 6, 2–18)

Für die Mönche bedeutet Fasten auch nicht, mit
möglichst wenig Freude, möglichst viel Leid, möglichst wenig Lustvollem durchs Leben zu gehen.

Im Ideal des zur ganzen Höhe geführten klösterlichen Fastens und in der Askese der Mönche geht es vielmehr um eine spirituelle Dimension, die Grenzen sprengt, um ein »Sterben mit Christus«. Wie der Apostel Paulus schreibt: »Wir besitzen, als wenn wir nicht besäßen« (1 Korinther 7, 31). Die Mönche schätzen die Güter dieser Welt nicht gering, aber sie sind bereit, sie loszulassen. Fasten ist so gesehen auch eine Übung des Nicht-haben-Müssens, ein Bekenntnis zur Bedürfnislosigkeit, mit dem man den eigenen Wünschen einmal Grenzen setzt. Manchmal kann unsere Flucht ins Unverbindliche, in Verdrängung, Betriebsamkeit oder resignierte Traurigkeit auch Angst vor dem Geheimnisvollen in unserem Innersten sein, die Flucht vor dem wirklichen Ich.

Es geht beim Fasten der Mönche nicht vordringlich um Schönheit und Wellness. Besonders willkommen sind darum »Insider«, die Inneres klären, Menschen, die ihre Lebensziele überprüfen wollen, die den Mut haben, sich

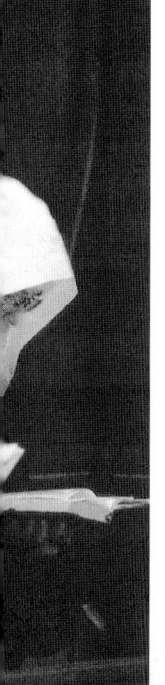

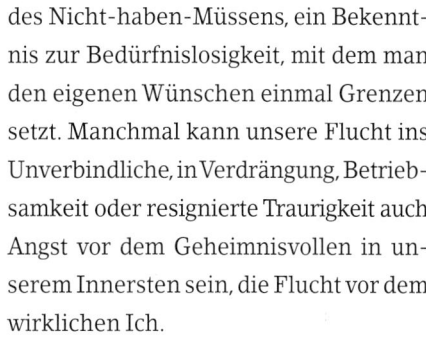

Nonnen beim Stundengebet

etwas zu entsagen, von den üblichen Gewohnheiten Abstand zu nehmen und die Bereitschaft mitbringen, einmal umzukehren. Im Grunde seien fastende Menschen so etwas »wie Adam vor dem Sündenfall«, sagte der große Prediger Chrysostomos im 4. Jahrhundert. Im Paradies nämlich zähle nur das Wesentliche. Gemeint ist wohl, dass in Übersättigung oder der so anstrengenden Jagd nach Erfolg und Macht sich die ganz großen oder dauerhaften Glücksmomente nicht finden lassen, dass ohne Verzicht das Leben ganz grundsätzlich nicht human bleiben kann. »Suche, was du suchst«, riet auch Kirchenvater Augustinus, »aber nicht dort, wo du es suchst.« Auch wenn wir unsere Sinne bis zum Überdruss sättigen können, die Seele bleibt sehnsüchtig. Sie habe eben, meinen kluge Menschen, immer wieder auch »Lust, in den Himmel zu sehen«.

FASTEN BEI DEN MÖNCHEN HEISST DARUM, DEM ICH WIEDER AUF DIE SPUR ZU KOMMEN, UM DAMIT DEM EIGENEN LEBEN EINE NEUE RICHTUNG GEBEN ZU KÖNNEN.

Und so betrachtet ist Fasten im Kloster fast schon so etwas wie ein Aufbrechen ins Vorgebirge des Ewigen.

»Suche, was du suchst; aber nicht dort,
wo du es suchst.« (Augustinus)

Von der richtigen Vorbereitung

Wandelnder Mönch am Jakobsberg

Wie Sie sich auf das Fasten einstimmen und was Sie dabei beachten sollten

»DAS FASTEN IST DIE SPEISE DER SEELE.«

Johannes Chrysostomos, größter Prediger der alten Kirche, genannt »Goldmund«

Es gibt viele Gründe zu fasten. Der wichtigste war bereits den alten Mönchsvätern so geläufig wie das Vaterunser: die heilende Wirkung auf Leib und Seele. Wer fasten will, muss sich zunächst über seine Motive klar werden. Nicht die Gewichtsabnahme sollte dabei an erster Stelle stehen. Hauptaufgabe des Fastens im Sinne klösterlich-christlicher Lebenskunst ist vielmehr eine Reinigung des gesamten Stoffwechsels und ein innerer, seelischer Aufschwung. Zwar vermag Fasten Endprodukte von Krankheiten (wie Gallensteine) nicht zu beseitigen, aber vielen Krankheiten, die »noch auf dem Wege« sind, wird dadurch vorgebeugt.

Der Fastende sieht klarer und kann, wenn nötig, leichter umkehren, sich neu ausrichten und aus

DER FASTENDE FÜHLT SICH AM ENDE SEINER KUR MUNTERER, FRISCHER, LEISTUNGSFÄHIGER.

Abhängigkeiten befreien. Die kleinen, schweren Schritte des Fastens führen uns nach und nach sogar zum Erahnen neuer Möglichkeiten für unseren weiteren Lebensweg. Wie weit die neuen Erfahrungen den Fastenden dann tragen, ist von Person zu Person unterschiedlich, der »geistliche Check« jedoch wird sicherlich für jedermann wichtige Denkanstöße liefern.

Wie unersetzlich das Fasten für den Menschen ist, drückte der heilige Ambrosius so aus: »Nach Medizin greifst du und gehst dem Fasten aus dem Weg, als ob du sonst ein besseres Heilmittel finden könntest!«

Was Fasten bewirkt. Es …

- stärkt den Charakter
- macht freier
- führt zu innerer seelischer Klarheit
- verhilft zu neuer Lebenseinstellung
- reduziert Übergewicht
- verjüngt und ist die beste Gesundheitsvorsorge
- gibt Kraft und Energie
- entlastet die Verdauungsorgane (Leber, Galle, Magen, Darm, Bauchspeicheldrüse), den Bewegungsapparat, Herz, Kreislauf und Nieren
- entwässert, entsalzt und entgiftet den Körper
- hilft bei vielen Krankheiten

Die besten Mediziner des Mittelalters wie Avicenna und Paracelsus behandelten mit Fastenkuren. Aus ihrer Zeit stammt der Begriff des »inneren Arztes«, der beim Fasten tätig wird. Und heutige Mediziner bestätigen: Fasten ist die beste Art der Gesundheitsvorsorge. Es wirkt in vielen Fällen wie »eine Operation ohne Messer«. Kein Chirurg könnte mit seinen Klingen so sorgsam, allwissend und schmerzlos Schädliches entfernen und Nützliches erhalten, wie es dem fastenden Leib fast mühelos gelingt.

Dass Fasten dabei nichts mit einem Abbau der Leistungskraft zu tun hat, wird uns in der Natur anschaulich vor Augen gehalten. Wochen- und monatelanges Fasten gehört zum normalen Jahresrhythmus vieler in freier Wildbahn lebender Tiere. Hochgebirgswild wie Steinbock oder Gemse beispielsweise fressen sich im Herbst Winterspeck an, der sie über die schneebedeckte »Fastenzeit« bringt. »Dass diese Fastenperiode gerade in die Brunftzeit fällt, unterstreicht, dass Fasten keineswegs Minderung der Lebenskraft bedeutet, sondern – im Gegenteil – poten-

DER ALTE GRIECHE PYTHAGORAS SCHWÄRMTE BEREITS VOR 2500 JAHREN: »FASTEN IST EIN VORTREFFLICHES MITTEL ZUR ERHALTUNG UND WIEDERHERSTELLUNG DER GESUNDHEIT.«

Bei diesen Krankheiten hilft Fasten

Rheuma, Arthritis, Arteriosklerose, Gicht, Bluthochdruck,
niedriger Blutdruck, Herz-
Kreislauf-Erkrankungen,
Venenleiden, Asthma, Haut-
krankheiten, Krankheiten des
Magen-Darm-Trakts, Stuhl-
verstopfung, Diabetes mellitus,
Parodontose, grüner Star,
Migräne, Nierenentzündungen,
akute chronische Entzündungen
und Infekte

ziertes Leben!«, schreibt Fastenarzt Dr. Hellmut Lützner von der Deutschen Fastenakademie.

Fasten ist also ein hervorragendes »Allheilmittel«
ohne schädliche Nebenwirkungen. Und in einer Zeit,
in der überhöhte Cholesterinwerte zur Volkskrank-
heit geworden sind, könnten allgemeine Fastenübun-
gen mit Sicherheit sogar die Gesundheitslage der
gesamten Nation entscheidend verbessern, und damit
einen wichtigen Beitrag zur Stabilisierung unseres
Gesundheitssystems leisten.

Wie Sie wann und wo fasten können

Fastenkuren lassen sich ganz unterschiedlich gestalten. Beispielsweise bieten spezielle Fastenkliniken ein Heilfasten auf stationärer Basis an. In katholischen Kirchengemeinden wiederum bilden sich während der vorösterlichen Bußzeit Gruppen, die sich gemeinschaftlich der »Fastenarbeit« unterziehen. Und natürlich gibt es zahlreiche Klöster, die Fastenkurse in einer Atmosphäre der Ruhe und Gelassenheit offerieren (siehe Adressen im Anhang).

Grundsätzlich sollte man sich zunächst entscheiden, ob man allein, mit einem Partner oder in einer Gruppe fasten will – wobei es sicherlich leichter fällt, sich in einer Gruppe von Gleichgesinnten dieser anspruchsvollen Übung zu unterziehen. Wohltuend und vertiefend für eine Beziehung kann das gemeinsame Fasten mit dem Ehepartner werden, da man zusammen die Anfangsschwierigkeiten meistern und sich gegenseitig helfen muss. Wer sich allerdings krank oder unsicher fühlt, sollte vor dem Fasten auf jeden Fall mit einem Arzt sprechen.

Grundsätzlich verboten ist Fasten

- während der Schwangerschaft und Stillzeit
- bei auszehrenden Krankheiten wie Tuberkulose, Basedow und Krebs im fortgeschrittenen Stadium, bei Magen- und Zwölffingerdarmgeschwüren
- bei Psychosen und schweren Depressionen
- bei bestimmten medikamentösen Therapien (beispielsweise Bluthochdruck oder Diabetes)
- für Kinder und angeschlagene alte Menschen
- bei Suchtkrankheiten wie Alkohol- und Drogenabhängigkeit

Suchen Sie sich einen guten Begleiter

Ich erinnere mich gern daran, als ich bei Pater Rhabanus im Kloster Jakobsberg anrief, um mich für meine ganz persönliche Fastenwoche anzumelden. Der Benediktiner freute sich sehr über meinen Entschluss, er ermahnte mich auch gleichzeitig zur richtigen Vorbereitung. Das Fasten sei ein Weg, erklärte er, den man mindestens eine Woche vor dem eigentlichen Fasten zu gehen beginnen solle. Eine gut gestaltete

Vorbereitung trage nämlich wesentlich zum Gelingen des Fastens bei.

Zu dieser Vorbereitung gehört auch, dass sich der selbstständig Fastende einen »guten Begleiter« sucht, denn mit einem solchen, sagt das Sprichwort, »ist dir kein Weg zu weit«. Dass die Mönche nicht nur gute Fastenlehrer, sondern in der Regel auch ideale geistliche Begleiter sind, werden Sie in diesem Buch, mit dessen Hilfe Sie zu Hause fasten können, erfahren. Vielleicht erscheint mönchisches Fasten manchem ein wenig streng und auch ein wenig unmodern. Doch die Kraft, die daraus erwächst, in die tieferen Dimensionen des Fastens vorzudringen, wird auch die letzten Zweifler überzeugen. Hier gilt der Satz des jungen Rainer Maria Rilke aus seinem Florenzer Tagebuch: »Seid nur einen Tag unmodern, dann werdet ihr sehen, wie viel Ewigkeit ihr in euch habt.«

Machen Sie »reinen Tisch«

Wie jedes Heraustreten aus dem Alltagstrott und dem Massenverhalten verlangt das Fasten Rückgrat und innere Überzeugungskraft. Beim Fasten zu Hause lauern zahlreiche Gefahren. Da ist nicht nur der

Gotischer Kreuzgang des Klosters Poblet, Spanien

Kühlschrank, als Stolperschwellen könnten sich auch
die lieben Anverwandten und Nachbarn mit ihren
gut gemeinten Einladungen erweisen: »Aber einmal
frühstücken kommen kannst du ja trotzdem!« Grundsätzlich sollten Sie sich gut überlegen, wem Sie davon
erzählen, dass Sie fasten werden. Oft ist es besser, so

wenig wie möglich mit anderen darüber zu reden – man erspart sich dadurch jede Menge unnützer Diskussionen.

Ganz wichtig vor dem Start Ihrer Fastenwoche: Machen Sie zunächst »reinen Tisch«. Erledigen Sie alle anstehenden privaten und geschäftlichen Verpflichtungen. Fasten ist kein Computerprogramm, das per Knopfdruck sofort loslegt. Man muss sich darauf einstimmen, seinen Entschluss immer wieder bekräftigen. Ideal wäre, das Fasten in den Urlaub zu verlegen, um so wenigstens von einigen nervenaufreibenden Alltagspflichten befreit zu sein. Da der fastende Mensch langsamer wird, geht auch seine Reaktionsfähigkeit zurück, er wird empfindsamer, und sein Kreislauf ist nicht mehr so stabil. Darauf sollte man vor allem bei Tätigkeiten achten, die eine unmittelbare Verantwortung für die Sicherheit anderer Menschen mit sich bringen.

Wer zum ersten Mal zu fasten beginnt, lässt sich auf ein Wagnis ein, das er nicht genau einschätzen kann. Aber ist es für viele Menschen nicht noch ein erheblich größeres Risiko, weiter so (viel) zu essen wie

HEUTE IST ES IN MITTELEUROPA FÜR DIE MEISTEN MENSCHEN GEWISS EINFACHER, SICH ZU TODE ZU ESSEN ALS ZU VERHUNGERN.

bisher? Wichtige Lebensmittel wie Eiweiß, Vitamine oder Salz, die jahrhundertelang nicht ausreichend vorhanden waren, nehmen wir heute in Mengen zu uns, die uns nicht unbedingt gesünder machen. Auch wenn Ihr Fasten in Ihrer Umwelt unterschiedlichste Reaktionen auslöst, sollten Sie sich nicht verunsichern lassen. Sie werden dadurch eine Lebenserfahrung machen, die sowohl körperliche als auch seelische Tore öffnet. Sie werden fühlen, wie Ihr Leben vibriert.

Einüben ins Fasten

Beginnen Sie schon in der Einstimmungszeit nach und nach mit dem Fasten:

- Reduzieren Sie Ihren Zigaretten-, Alkohol- und Kaffeegenuss.
- Essen Sie nur, bis Sie satt sind.
- Versuchen Sie, schon jetzt auf Fleisch, Wurst und Süßigkeiten zu verzichten.
- Üben Sie sich in die Ruhe ein: durch Gymnastik, Spaziergänge, Meditation und Gebet.

- Dämmen Sie Außenreize ein: Reduzieren Sie Ihren Fernseh- und Radiokonsum, verzichten Sie auf laute Veranstaltungen und aufreibende Sportereignisse.

Wenn Sie zu Hause fasten, sollten Sie sich auch hier so weit wie möglich vom Alltag lösen und all jene Dinge »abschalten«, die sich abschalten lassen. Wir erinnern

Die vier Grundregeln des Fastens

1. Regel

Nichts essen, nur trinken: Nehmen Sie möglichst nur Tee und Wasser zu sich, und zwar mehr, als der Durst verlangt.

2. Regel

Alles weglassen, was nicht notwendig ist: Entsagen Sie den lieb gewordenen Genussmitteln wie Alkohol und Nikotin, Süßem, Kaffee.

3. Regel

Raus aus dem Alltag: Lösen Sie sich von beruflichen oder familiären Bindungen, von Terminstress, modernen Kommunikationsmitteln und den Medien. Schluss mit der Reizüberflutung, begegnen Sie sich selbst.

4. Regel

Tun, was einem gut tut: Finden Sie heraus, was Ihr Körper verlangt, und tun Sie ihm den Gefallen: Schlafen Sie aus, bewegen Sie sich an der frischen Luft, lesen Sie ein gutes Buch, gehen Sie einem Hobby nach …

uns: Um zu fasten, gingen die ersten Mönche in die Wüste, weil sie hier das geeignete Umfeld vorzufinden glaubten. Körper und Geist haben während der Fastenzeit wichtige Aufgaben zu erfüllen, daher sollte man sie nicht unnötig mit Äußerlichkeiten belasten.

Der Entlastungstag

Der letzte Tag vor dem Beginn Ihrer ganz persönlichen Fastenzeit wird »Entlastungstag« genannt. Sowohl körperlich als auch geistig-seelisch sollten Sie sich ab heute frei machen, Hektik abbauen und Spannungen loslassen.

Am Tag vor meiner Abreise ins Kloster esse ich wenig und einfach. Ich verzichte völlig auf tierisches Eiweiß, ernähre mich nur von Obst und Salaten. Zum Abschluss gönne ich mir einen Apfel: Er bindet Stoffwechselrückstände und beugt der Übersäuerung des Stoffwechsels vor. Ich will nicht voll gestopft, sondern entspannt in meinem Fastenkloster ankommen.

Zur Durchführung einer einwöchigen Fastenkur bieten sich unterschiedliche Methoden an. Je nach Vorliebe und Neigung greift auch der Fastenmeister im Kloster als Rahmen für seine Übung zu besonders bewährten Hilfen, entweder der Buchinger-Methode, dem Saftfasten, dem Fasten nach Dr. F. X. Mayr oder dem Hildegard-Fasten. Fastenmodewellen haben zahlreiche weitere Fastenkuren entwickelt wie Reisschleimfasten, Eiweißfasten, Schroth-Kur, Fasten nach Guelpa, Früchtefasten, Molkefasten, Frühstücksfasten und so weiter. Bei diesen Methoden wäre es freilich ehrlicher, nicht vom klassischen Fasten zu sprechen, sondern von Reduktionskost, kalorienarmer Kost oder von Entlastungskuren.

Heilfasten beginnt mit einem Entlastungstag –
mit Obst oder Salaten

Das sollten Sie beim Entlastungstag beachten

- Essen Sie nur noch wenig.

- Entscheiden Sie sich entweder für einen **Obsttag** (3 Pfund verschiedenes Obst, auf drei Mahlzeiten verteilt), einen **Reistag** (3-mal 50 g Vollreis, ohne Salz, nur mit Wasser gekocht; früh und abends mit gedünsteten Äpfeln, mittags mit gedünsteten Tomaten) oder einen **Rohkosttag** (morgens Obst oder Birchermüsli, mittags und abends Rohkostplatte). Gut kauen. Und: Machen Sie den Einkauf für diesen Tag bereits zu einem lässigen Vergnügen.

- Nehmen Sie Abschied von: Süßigkeiten, Kaffee, Zigaretten, Alkohol. Es ist ja zunächst einmal nur für die wenigen Tage dieser Kur.

- Motivieren Sie sich selbst: Ich habe mich nun dazu entschlossen, und ich weiß auch, dass ich es kann! Ich beginne eine kleine Reise. Sie wird spannend. Sie wird mich etwas lehren. Ich werde mich geborgen fühlen und danach gesünder, kraftvoller und fast wie neugeboren sein!

- Lassen Sie es sich gut gehen! Sie haben ein warmes Zuhause. Sie haben Zeit für sich. Und Sie können sich darauf verlassen, dass Sie Mutter Natur auch richtig führen wird. Immerhin haben Sie eine gut gefüllte Speisekammer zur Verfügung – in sich selbst.

»Eine große Kraft ist das Fasten«

Nach persönlichen Überlegungen in der Vorbereitungszeit habe ich mich für ein Nulldiät-Fasten entschieden. Es ist die konsequenteste Anwendung der Fastenidee und entspricht ihrer klassischen und traditionellen Form. Sie hat nichts mit Hungern zu tun, sondern ist freiwillige Nahrungsenthaltung unter Zufuhr von »leeren« Getränken, nämlich Wasser und nichtarzneilichen Tees.

Während bei Reduktionskost – manchmal allein schon durch das Trinken von Säften – ein Hungergefühl entsteht, tritt beim völligen Fasten nach einigen Tagen eine Appetitlosigkeit ein, die den Verlauf der Kur ungemein erleichtert. Extrem wichtig ist dabei allerdings, auch wirklich ausreichende Mengen von Flüssigkeit zu sich zu nehmen. Strenges Fasten ist in mancher Beziehung erheblich angenehmer und leichter, als »nur« weniger zu essen. Darin ist auch die Ursache zu sehen, dass viele Fastenkuren, hinter denen sich in Wirklichkeit eine Reduktions- oder kalorienarme Kost verbergen, häufiger scheitern als das konsequente Fasten.

Im Fasten nehmen wir eine alte christlich-mönchische Tradition wieder auf. Wir kehren zurück zum

»Urgrund unseres Seins«. Damit dies nicht nur schöne Worte bleiben, müssen wir uns selbst ins »Abenteuer Fasten« aufmachen. »Man wird auch einen Apfel nicht endgültig kennen lernen, wenn man viel über ihn hört und liest, man muss schon hineinbeißen«, schreibt der Mediziner Ruediger Dahlke in

Bevor es losgeht: Ihr Besorgungszettel

- wärmere Kleidung als üblich
- genügend Unterwäsche
- Sportzeug
- Wärmflasche
- Einlaufgefäß oder Klistier
- Hautöl
- Trockenbürste
- Handtücher
- einige Kisten Mineralwasser
- verschiedene Sorten Kräutertees
- ein paar Zitronen
- Glaubersalz oder ein anderes Abführmittel Ihrer Wahl (erhältlich in Apotheken und Drogerien)
- gute Literatur
- Fastentagebuch

einem Fastenwegweiser. Im Vertrauen auf das Versprechen des Mönchsvaters Athanasius, mit dem im 4. Jahrhundert die ersten Mönche über die Alpen kamen, und der von der »großen Kraft« des Fastens sprach, wagen wir den Schritt.

> »Eine grosse Kraft ist das Fasten und verschafft grosse Erfolge.«

Sie sollten Ihre Fastenwoche sehr bewusst gestalten. Nehmen Sie sich eine geistliche Fastenlektüre für diese Woche vor, denn Sie sind während der Fastenzeit offener für Sinnfragen als sonst. Wahrscheinlich wissen Sie selbst, was für Sie in Frage kommen könnte. Das Buch der Bücher, die Bibel, bietet sich auf jeden Fall an oder auch eines der Bücher, die Sie im Anhang finden. Lesen Sie täglich zu festen Zeiten darin.

Und noch eines: Machen Sie täglich bestimmte Übungen. Am Ende jedes einzelnen Kapitels finden Sie dazu einen Vorschlag. Die jeweilige Übung eignet sich dabei nicht nur für diesen bestimmten Tag, sondern lässt sich auch während der gesamten Fastenzeit durchführen.

Vom richtigen Beginn

Mönch im Kreuzgang des Stifts von Zwettl, Österreich

Wie Sie sich von Giftstoffen reinigen und dabei nicht nur ab-, sondern vielmehr aufbauen

Pater Rhabanus wirkt sehr gelöst, als wir uns zu unserer ersten »Sitzung« treffen. Seine bedachten Worte – »Eines nach dem anderen, Sie sind hier im Kloster« – bringen etwas Ordnung in mein Inneres. Ich bin übervoll, mit Fragen, mit Spannung, wie es mir denn in den nächsten Tagen hier wohl ergehen wird.

> **»Das Fasten ist ein unersetzliches Training, um in den Wettkämpfen des Lebens den Sieg davonzutragen.«**
>
> Papst Johannes Paul II.

Ich komme gewissermaßen »von draußen«, aus einer Gesellschaft, die immer weniger Verständnis für das gottgeweihte Leben aufbringt. Einmal gab es eine Epoche, in der man das Mönchsein für das eigentliche Leben hielt. Die Asketen wurden damals als Meister der Lebenskunst bewundert – doch wir sind heutzutage weit davon entfernt. Antonius, den die Menschen im frühchristlichen Ägypten den »Stern der Wüste« nannten, muss es geahnt haben, als er prophezeite: »Es kommt eine Zeit, da werden die Leute närrisch. Und wenn sie einen sehen, der nicht närrisch ist, dann stehen sie auf gegen ihn und sagen: ›Du spinnst!‹, deswegen, weil er anders ist als sie!« Ich frage Pater Rhabanus, ob er sich im Kloster nicht manchmal wie in einem Gefängnis vorkomme. Seine Antwort: »Bei uns steckt der Schlüssel innen, das ist der Unterschied!«

Vielleicht ist der Unterschied zwischen Fasten und Hungern ein wenig so wie der Unterschied zwischen Kloster und Gefängnis. Fasten hat nichts zu tun mit einem unfreiwilligen Mangel, sondern ist eine naturgegebene Form unseres Lebens, bei der der Organismus ganz einfach auf Eigensteuerung umstellt. Der freiwillige Entschluss »Ich will nichts essen« ist etwas ganz anderes, als nicht essen zu dürfen oder nichts zum Essen zu haben.

Wer »Essferien« macht, bindet »seinen Karren an einen Stern«, wie Leonardo da Vinci es einmal formulierte. Er begibt sich sozusagen auf die Hauptstraße der Sinnsuche. Das mögen manche für »närrisch« halten. Aber immer mehr Menschen erkennen auch, dass sie mehr und mehr gleichsam aus zweiter Hand leben und dass ihnen das wieder entdeckte Fasten die

Schmuck des Lebens

»Das Fasten ist Friede für den Körper, die Zierde der Glieder, der Schmuck des Lebens. Es ist die Kraft des Geistes, die Stärke der Seelen ... Das Fasten ist die Schule der Tugenden ..., das Heilmittel auf dem Lebensweg der Christen.«

Petrus Chrysologus, im 5. Jahrhundert Bischof von Ravenna

Möglichkeit verschafft, sich nicht nur von Süchten, sondern auch von äußeren Zwängen zu befreien.

Abgeben statt Aufnehmen

Den Einstieg in den ersten Fastentag nütze ich zur Darmreinigung. Empfohlen werden dazu verschiedene Alternativen, vom Glas Sauerkrautsaft über diverse Salzlösungen bis zum Einlauf. Letzteres mag zwar altmodisch erscheinen, gilt aber nach wie vor als schonendste und »ergiebigste« Form der Darmpflege.

Der Körper schaltet ab heute von äußerer Ernährung auf innere Ernährung um. Er gewinnt jetzt seine Lebenskraft aus dem Energiespeicher Fett, den er sich über Jahre und Monate angesammelt hat. Gleichzeitig legen wir gewissermaßen den Hebel von »Aufnahme« auf »Ausscheidung« um. Die körpereigene Müllabfuhr beginnt. Alle Schleusen werden geöffnet, und der Leib fängt an, sich seiner Stoffwechselreste zu entledigen.

Giftstoffe sind im Körper an Eiweiß und Fett im Bindegewebe gebunden. Mit dem Fett- und Eiweißabbau während des Fastens wird diese Bindung gelöst, sodass die Giftstoffe nun durch Darm, Niere und Haut ausgeschieden werden können. Auch der Überschuss an aufgenommenem Eiweiß, der sich in der Wand der kleinsten Blutgefäße in allen Organen ablagert, wird beim Fasten abgebaut. Auf diese Weise kann mancher späteren Stoffwechselerkrankung, einem Herzinfarkt oder Schlaganfall vorgebeugt werden.

Der Körper baut jetzt alles ab, was ihn belastet, was er nicht braucht, was ihn krank macht. Es ist eine Art »Ölwechsel«, wie beim Auto. Das geht natürlich nicht ohne Mühen vonstatten. Pater Rhabanus weiß, welche Überwindung dieses Freimachen vom Üblichen kostet. »Die ersten Tage des Fastens sind oft unheimlich beschwerlich«, sagt er voraus. Kopfweh und Schwindel können sich einstellen, das Hungergefühl plagt gewaltig. Dagegen hilft nur, viel zu trinken. Bis zu drei Liter sollte man sich für jeden Tag vornehmen. Trinken unterstützt die Ausschwemmung der Schadstoffe.

Am besten nimmt man die Getränke langsam zu sich, Schluck für Schluck – wie einen guten Wein. Und nochmals: Man kann gar nicht zu viel trinken, sondern immer nur zu wenig. Dass ein Großteil unserer Zivilisationskrankheiten auf falsche Ernährung zurückzuführen ist, gehört heute zur allgemeinmedizinischen Aufklärungsarbeit. Wir leiden dadurch an zahlreichen Krankheiten, die vermeidbar wären, und verkürzen auf diesem Weg auch unser Leben.

Wir essen nicht nur zu ungesund, sondern auch wesentlich zu viel, nämlich im Durchschnitt täglich ein Drittel mehr, als wir eigentlich benötigen. Dr. Hermann Geesing, früherer Chefarzt am Schwarzwald-Sanatorium Obertal, hat nachgerechnet: »Wer regelmäßig täglich nur 100 Kalorien zu viel verspeist, der hat in cincm cinzigen Jahr 36 500 Kalorien angehäuft.« Eine arge Belastung für Körper und Gemüt! Stellen wir uns nur zehn Kilogramm Übergewicht plastisch vor: Das sind vier handelsüblich abgepackte Fünf-Pfund-Kartoffelbeutel. Schleppt eine Hausfrau diese vier Säcke im Einkaufskorb nach Hause, so ist sie heilfroh, wenn sie die Ladung endlich abstellen kann.

> »Die meisten Menschen schaufeln sich ihr Grab mit den Zähnen.«
>
> Fastenarzt Dr. Heinz Fahrner

Durch Fasten zur Seele vordringen

Warum die Menschen an seinen Fastenseminaren teilnehmen, frage ich Pater Rhabanus. »Manche wollen nur abnehmen«, meint er bedauernd, »aber das Ziel des Fastens ist neben der Entschlackung ja auch die wichtige innere Reinigung: den Körper von der Verdauung zu entlasten, um zur Seele zu kommen.« Dass beim Fasten Pfunde purzeln, sei nur ein willkommener Nebeneffekt. Wichtiger seien da schon jene Erfahrungen, die das Innere des Menschen betreffen. Fasten heilt in den Augen der alten Mönche, die ja auch die ersten Ärzte ihrer Zeit waren, Leib und Seele gleichermaßen. Johannes Chrysostomos spricht in einer Predigt von »der Arznei des Fastens«, die »unser menschenfreundlicher Herrscher als liebevoller Vater« ersonnen habe.

Das Heilfasten wird in Deutschland vor allem mit dem Namen Dr. Otto Buchinger in Verbindung gebracht. Der Bad Pyrmonter Arzt hatte die Methode nach dem Ersten Weltkrieg entwickelt, weil er der Überzeugung war, man gewinne durch sie vor allem eine großartige »Ausscheidungskur, eine Reinigungskur der gesamten Körpergewebe und -säfte«. Tatsächlich wird beim Fasten der Körper entschlackt und von mancher Krankheit befreit. Überalterte Zellen werden abgebaut, während die Neubildung von jungen Zellen angeregt wird. Am besten, sagen Fastenärzte, schlage die Fastenkur daher bei Rheuma, Arthritis, Arteriosklerose und Hauterkrankungen an.

Buchinger ging es aber nicht nur um die rein körperlichen Wirkungen des Fastens. Ähnlich wie der Mönchsvater Athanasius, der davon überzeugt war, dass diese Kur »verkehrte Gedanken verscheucht und dem Geist größere Klarheit gibt«, sah auch Buchinger Fasten immer in einer geistigen und geistlichen Dimension.

Als Papst Johannes XXIII. 1962 alle Gläubigen zum Fasten für das bevorstehende II. Vatikanische Konzil aufforderte, dankte ihm der Arzt in einem Brief und unterstrich, dass das Fasten »ein konstitutives Element der christlichen Askese« sei. Gleichzeitig bedauerte er, dass »Wettkämpfer, Kosmetikkunden und wohlhabende Kranke« das Fastenfeld erobert hätten, »das eigentlich eine heilige Domäne der Kirche« sei. Und weiter merkte er an: »Als 85-jähriger Konvertit hege ich die Hoffnung, dass der gütige Gott mir gönnen wird, dass ich das Fasten wiedergeboren sehen darf in der heiligen Kirche.«

»Mother Mary«: Betet und fastet!

Immer wieder unterstreichen auch hohe Kirchenführer die elementare Bedeutung des Fastens für die Kirche. »Ohne Fasten ist die Kirche keine Kirche mehr«, so etwa Joseph Kardinal Ratzinger, »weil sie der Welt ähnlich wird.« Aber offenbar hat erst ein vor zwei Jahrzehnten begonnenes Phänomen in Bosnien-Herzegowina auch innerhalb der katholischen Kirche wieder so etwas wie eine Fastenbewegung angestoßen.

In dem kleinen Dorf Medjugorje nahe Mostar berichten seit 1981 Kinder davon, dass ihnen die Jungfrau Maria erscheine – »Mother Mary«, wie es in einem Beatles-Song heißt. Aus den Kindern von damals sind längst Erwachsene geworden, doch das Phänomen der Erscheinungen ist geblieben. Millionen Neugierige und Gläubige sind bisher in den kleinen Ort gepilgert, um die hier verkündete »Friedensbotschaft«, ein Aufruf zu Gebet und Fasten, für sich persönlich zu entdecken.

Doch was Maria verkündet, ist nicht neu. Sie erinnert nur nachhaltig an Zusammenhang und Doppelkraft von Beten und Fasten, der biblisch und kirchlich immer als entscheidende Voraussetzung für geistiges

Am Kloster auf dem Jakobsberg

Wachstum galt. »Fasten und Gebet sind Mittel, durch die wir uns Gott öffnen, der uns von allen Sünden unserer Vergangenheit reinigen kann«, heißt es in einer der »Botschaften«. Wer »mit ganzem Herzen fastet und betet«, könne Freude in sein Leben zurückholen und viele persönliche Probleme lösen. Die vereinte Kraft von Gebet und Fasten könne sogar Kriege verhindern und den bedrohten Frieden in der Welt erhalten.

Die Franziskaner von Medjugorje, die den Wallfahrtsort betreuen, haben damit angefangen, sozusagen auf »himmlische Weisung« eine Übung des Urchristentums wieder aufzunehmen und danach zweimal in der Woche – mittwochs und freitags – bei Wasser und Brot zu fasten. Eine ungeahnte Zahl von Menschen hat sich diesem Aufruf angeschlossen und damit eine Frömmigkeitsform der frühen Kirche belebt, die nahezu vergessen war. »Priester bin ich schon seit dreißig Jahren«, berichtet in diesem Zusammenhang ein Geistlicher vor Ort, »und ich bin mir sicher, dass ich in der gesamten Zeit meines Priestertums alle Sonntage in der Fastenzeit ohne Ausnahme die Messe mit den Gläubigen gefeiert und auch gepredigt habe. Erst in Medjugorje ist mir jedoch bewusst geworden, dass ich das Fasten völlig vergessen hatte. Nie habe ich zu den Gläubigen über das Fasten gepredigt. Ich habe weder versucht, die Leute zum Fasten anzuregen noch ihnen zu erklären, warum gefastet werden soll. Jetzt, da ich das Fasten entdeckt habe, wundere ich mich darüber, wie es überhaupt geschehen konnte, dass ich diese biblische Praxis und Botschaft weder erkannt noch sie dem Volk verkündet habe.«

Wenn der Ofen aufhört zu heizen

Mein erster Fastentag auf dem Jakobsberg bleibt nicht ohne Folgen. Ich habe es einigermaßen ausgehalten, aber jetzt bin ich müde und hungrig, und als ich den Speisesaal des Klosters betrete, wo die anderen Gäste die kulinarischen Vorzüge der Küche genießen, um mir meinen Tee abzuholen, spüre ich Kälte in mir. Irgendwie muss mein innerer Ofen aufgehört haben zu heizen. Ich habe noch Pater Rhabanus' Worte im Ohr: »Er wird gerade gereinigt, weil er vollkommen verrußt ist.«

Ich beginne eine Ausdünstung über die Haut sowie Mundgeruch wahrzunehmen, meine Zunge ist belegt. Der Fastenarzt Dr. Buchinger pflegte zu seinen Patienten in diesem Stadium zu sagen: »Man kann einen Stall nicht ausmisten, ohne dass es stinkt.« Die körperliche Müllabfuhr wird nicht nur über den Darm und die Blase abgewickelt, weshalb man während des

Fastens besser keine kunstfaserhaltige Kleidung trägt, sondern Wäsche, die sämtliche Ausdünstungen aufnimmt. Vor allem sollte häufiger als sonst geduscht und gebadet werden.

Die unangenehmen körperlichen Begleiterscheinungen sind auch Abfallprodukte einer »Kosmetik von innen«, die man von außen unterstützen sollte. Jetzt haben Sie Zeit für ausgiebige Körperpflege, jetzt wartet Ihre Haut auf Öl und Trockenbürstung. Sie sollten aber weder Puder noch Schminke auftragen, um die Poren nicht zu verstopfen, über die gerade während des Fastens viele Giftstoffe ausgeschieden werden. Da auch die Lunge Stoffwechselreste abtransportiert, sollte man seine Fastenwohnung lüften und viel an der frischen Luft spazieren gehen.

»Die ersten Tage, das ist der Weg durch die Wüste. Wer zur Oase will, muss ihn gehen«, tröstet ein Mediziner. Auch Pater Rhabanus ermutigt in seinen Fastenkursen die Teilnehmer, sie sollten gerade in den ersten Tagen »nicht nur körperlich, sondern auch geistig anfangen, Ballast abzuwerfen«. Fasten sei eben auch eine »Seelenhygiene«. So wie wir beim Fasten besonderen Wert auf Körperpflege und Körperreinigung legen müssen, so müssen wir uns auch die Zeit nehmen, uns unserer Seele zuzuwenden.

Benediktinerinnen im Refektorium des Klosters Kellenried

Eine Neuschöpfung

Die Mönche betrachten das Fasten, wie es Basilius der Große bereits im 4. Jahrhundert beschrieb, als »altes Geschenk, nicht veraltet und alternd, sondern immer sich verjüngend und frisch blühend«. Pater Rhabanus formuliert es moderner. Es sei, sagt er, eine »Chance zu ganzheitlichem Neuanfang«. Und nicht von ungefähr

» WER FASTET, IST DEN ENGELN ÄHNLICH. «

Basilius

»Siehe da, was das Fasten wirkt! Es heilt die Krankheiten, trocknet die überschüssigen Säfte im Körper aus, vertreibt die bösen Geister, verscheucht verkehrte Gedanken, gibt dem Geist grössere Klarheit, macht das Herz rein, heiligt den Leib und führt schliesslich den Menschen vor den Thron Gottes.«

Athanasius, Schüler und Biograf des Wüstenmönchs Antonius und Bischof von Alexandria

singen die Mönche auf dem Jakobsberg zu Beginn jeder Fastenzeit in ihrem Vespergebet den Hymnus: »Nun ist sie da, die rechte Zeit, die Gottes Huld uns wieder schenkt. Jetzt soll sich unser ganzes Herz durch Fasten und Gebet erneuern.«

Durch das Fasten, lehrte im 12. Jahrhundert Hildegard von Bingen, könnten krankhafte Belastungen beseitigt und die jedem Menschen innewohnenden Heilkräfte der Seele freigesetzt und stabilisiert werden. Die Mönche haben immer wieder die Erfahrung gemacht, dass im Fasten die so genannten »göttlichen Tugenden« wachsen: Glaube, Hoffnung und Liebe. Und warum? Ganz einfach.

Mein Fastenmeister im Kloster schlägt die Bibel auf und beginnt die ersten Worte darin zu rezitieren: »Am Anfang schuf Gott Himmel und Erde …« Und er deutet die sieben Schöpfungstage auf meine sieben Fastentage hin aus. Körper und Seele, »wüst und finster«

durch Schlacken und Überladungen aus dem Alltag, niedergedrückt vom Müden und Krankgewordenen, können durch diese Art innerer Reinigung neu aufleben, weil wir im Fasten Gott durch unseren freiwilligen Verzicht noch einmal sein »Es werde Licht« aus der Schöpfungsgeschichte zu uns sprechen ließen. Ein gutes Bild: Wir scheiden Licht und Finsternis in uns, wie am ersten Schöpfungstag. Das Giftige, Schädliche, Belastende und Entbehrliche des Körpers und der Seele wird ausgeschieden, Helligkeit gewinnt neuen Raum.

Übung des Tages:
Anleitung zum Führen eines Fastentagebuchs

Legen Sie ein persönliches Fastentagebuch an. Schreiben Sie darin täglich nieder, was Sie erfreut, beschäftigt, bedrückt. Das erleichtert die Auseinandersetzung mit Ihrem Innern. Sie können sich manches »von der Seele« schreiben. Manches werden Sie später wieder lesen und es wird Sie dann neu motivieren. Das Fastentagebuch ist wie ein Spiegel, in dem Sie sich selbst betrachten. Schreiben Sie die Erfahrungen und Begegnungen des Tages auf, Ihre persönlichen Gedanken und Gefühle. Das hat befreiende Wirkung.

Vom rechten Maß beim Fasten

Betender Mönch im Kloster Beuron

Wie Sie lernen, dass durch Geben und Verzichten Flügel wachsen

Es ist Morgen. Der zweite Tag meines Fastens bricht an, und als ich das Fenster öffne, treibt der Sommerwind ausgerechnet feinen Bratenduft in mein Zimmer. Ich habe etwas länger geschlafen als sonst und daher das Morgengebet der Mönche verpasst. Beim Aufstehen war mir zunächst schwindlig. Ich reckte und streckte mich und schon ging es besser. Am offenen Fenster noch ein paar Morgenübungen und mein Kreislauf kam in Schwung. Dabei entdeckte ich, dass die Klosterküche, in der bereits das Mittagessen vorbereitet wird, direkt unter meinem Quartier liegt. Der leichte Schwindel verflog bald, aber die verführerischen Küchengerüche plagen mich noch immer. Natürlich muss man sich zum Fasten überwinden und

- Strecken und räkeln Sie sich vor dem Aufstehen.
- Bringen Sie den Kreislauf mit Kneippkuren in Schwung: Duschen Sie kalt und führen Sie dabei den Wasserstrahl aufsteigend von Händen und Füßen zur Mitte hin. Danach kehren Sie zum Aufwärmen nochmals ins Bett zurück.
- Nehmen Sie ein »Luftbad« am offenen Fenster.
- Massieren Sie sich mit einer Bürste – und zwar immer zum Herzen hin.
- Absolvieren Sie eine behutsame Fünf-Minuten-Morgengymnastik.

mühen, denn bei aller Freiwilligkeit bleibt es Verzicht und Enthaltung. »Fasten ist ein Stachel im Fleisch«, sagt Pater Rhabanus. Nun spüre ich hautnah, wie er das wohl gemeint hat.

Von Antonius und den Grundfragen

Ein dramatisches Umkehrerlebnis hatte den Urvater der christlichen Mönche, Antonius den Eremiten, im 3. Jahrhundert dazu gebracht, ein Leben als Gottsucher zu führen und in die Wüste zu gehen. Antonius, Sohn einer angesehenen und wohlhabenden Familie in Ägypten, war etwa zwanzig Jahre alt, als er bei einem Gottesdienst die dort vorgetragenen Worte Jesu hörte: »Willst du vollkommen sein, dann geh hin, verkaufe alles, was du hast, und gib es den Armen und folge mir nach« (Matthäus 19, 21). Diesmal trafen ihn die Worte wie ein Blitz: »Du bist der Mann, dir gilt das Wort!«, durchfuhr es ihn.

Antonius erinnert uns an Grundfragen menschlicher Existenz. Möchten nicht auch wir manchmal am liebsten alles loslassen, um frei zu sein? Kleben wir nicht Tag für Tag an Dingen, die wir gar nicht benötigen? Leben wir nicht oft so, als hinge unser ganzes Glück nur vom Haben ab?

Vielleicht sollten wir uns häufiger daran erinnern, dass es vielfach nicht die Talente sind, die einen Menschen wertvoll machen, auch nicht das Vermögen, sondern – so lehren es die Mönche in der Fastenwoche – die Gaben seines Menschseins. Diese Gaben sind im Grunde immer wieder die »Fastengaben«. Was dich wertvoll macht und liebenswürdig, ist immer mit freiwilligem Verzicht verbunden, weil du dabei verschenken musst: deine Freundschaft, deine Liebe, dein Verzeihen. Wir werden sogar schönere Menschen, wenn wir uns verschenken: wenn wir ein Lächeln, einen Kuss, eine Umarmung, ein liebes Wort weitergeben.

Die Lehre Jesu, die den Wüstenmann Antonius so erschüttert hatte, besagt genau dasselbe: Es gibt kein wahres Glück im Haben und Nehmen, sondern nur im Geben. Ist es nicht überall so? Ein Heißluftballon gewinnt nur dann an Höhe, wenn man Ballast abwirft. Ein überladenes Schiff muss bei stürmischer See Fracht über Bord werfen. Dasselbe tun wir beim Fasten. Fasten, das spüren wir bereits am Anfang unserer Kur, macht uns freier und leichter und obendrein auch empfindsamer, wacher, hellhöriger. Es bringt nicht nur auf der Stelle fühlbare Entlastung in unser Leben, wie schon Paracelsus es beschwor, sondern lässt uns über die veränderten Gewohnheiten auch eine andere Lebenseinstellung finden.

> »Unser Leben ist wie eine Kerze, aber indem wir uns verbrennen, werden wir zur Leuchte.«
>
> Pater Rhabanus

Antonius jedenfalls handelte auf der Stelle. Er wartete nicht einmal das Ende des Gottesdienstes ab, sondern rannte schnellstens nach Hause, verkaufte alles, was er besaß, und begann sachte mit seiner Askese, die er sein ganzes Leben lang nicht mehr aufgeben sollte.

Warum Sie das Fasten sachte angehen sollten

Ähnlich wie Antonius in der Wüste, rät Pater Rhabanus, sollten auch wir das Fasten sachte und ruhig angehen. Es gehe eben zunächst auch darum, »die Stimmen zu hören, die in der Seele sprechen«. Fasten ist eine Auseinandersetzung mit dem eigenen Körper. Mit den eigenen Empfindungen. Mit dem eigenen Verhalten. Vieles kommt einem dabei »regelrecht hoch«, wie wir noch sehen werden. Verschüttete Dinge »kochen auf« und wollen bewältigt werden.

Aber außer dem Rat, diese Übung ganz in Ruhe zu beginnen, sollten wir beim Fasten nicht nur auf uns selbst, sondern auch auf die anderen achten, von ihnen lernen. Nach der ältesten Lebensbeschreibung des Mannes in der Wüste, aufgezeichnet durch den heiligen Athanasius, »beobachtete Antonius bei dem einen die Freundlichkeit, bei dem anderen den Gebetseifer, an diesem sah er seine Ruhe, an jenem die Menschlichkeit, bei dem einen merkte er auf das Wachen, bei dem anderen auf die Wissbegierde, den bewunderte er wegen seiner Standhaftigkeit, jenen wegen des Fastens und des Schlafens auf der bloßen Erde«. Antonius reifte, weil er auf die besonderen

Fähigkeiten und Tugenden der anderen nicht neidisch war, sondern versuchte, sie nachzuahmen.

Einem von Lebensgier erfüllten Zeitgeist fällt es schwer, in der Askese etwas anderes zu sehen als eine furchtbare Selbstquälerei. Wir denken an ausgemergelte Gesichter, lebensverachtende Selbstkasteiung

Betende Nonnen im Kloster Lilienthal

und Verklemmung und glauben, Wilhelm Busch hätte es mit seinem Vers unübertroffenen charakterisiert: »Im Hochgebirg' vor seiner Höhle sitzt unverdrossen der Asket, nur mehr ein Rest von Leib und Seele infolge äußerster Diät.« Doch die frühen Wüstenmönche suchten nichts anderes, als »die Spannkraft der Seele« zu steigern. Diese ist eben genau dann besonders groß, hatten sie erkannt, »wenn die Begierden des Körpers ohnmächtig sind«.

In die richtige Haltung finden

Zum Fasten gehört, sich nicht nur über seine Motive klar zu werden und diese, wenn nötig, zu überdenken – wichtig ist auch, die entsprechende Haltung zu finden. Denn genauso, wie es hier nicht nur darum geht, lediglich schlanker zu werden oder uns nur auf uns selbst zu beziehen, sollten wir uns zu Bescheidenheit und Gelassenheit verpflichten.

»Wenn ihr fastet, macht kein finsteres Gesicht wie die Heuchler«, mahnte Jesus einmal, »sie geben sich ein trübseliges Aussehen, damit die Leute merken, dass sie fasten. Ich sage euch: Sie haben ihren Lohn schon erhalten. Du aber salbe dein Haar, wenn du fastest, und wasche dein Gesicht, damit die Leute nicht merken, dass du fastest, sondern nur dein Vater, der auch das Verborgene sieht; und dein Vater, der das Verborgene sieht, wird es dir vergelten.« (Matthäus 6, 16–18)

Für die Mönche hat Fasten immer auch etwas mit einer Veränderung des Herzens zu tun. In ihrer Tradition gehören Fasten, Beten und Almosengeben zusammen. Augustinus, der etwa ein Jahrhundert vor Benedikt eine eigene Regel für Mönche niederschrieb, nennt Beten und Almosengeben sogar die »Flügel des Fastens«. Ohne diese Flügel schleppe man sich mühsam am Boden dahin, mit ihnen dagegen gewinne man die nötige Leichtigkeit. Er schreibt: »Das Fasten strengt dich an. Das genügt nicht, wenn es nicht deine Brüder stärkt. Deine Entbehrungen werden fruchtbar, wenn du einem andern ein Geschenk davon machst. Wie viele Arme kann die Mahlzeit sättigen, die du heute nicht genommen hast? Faste so, dass du dich freust, wenn ein anderer durch deinen Verzicht satt wird.«

In dieser einfachen Wahrheit liegt ein großes Geheimnis. Hilfe, die man gibt, bekommt man immer zurück. Alles, was man teilt, wird nicht weniger, sondern mehr. »Geteiltes Leid ist halbes Leid«, weiß es die Redensart, »geteilte Freude ist doppelte Freude.« Der Fastende, der seinen Verzicht anderen zukommen lässt, erfüllt nicht nur das Gebot der Barmherzigkeit, von der Jesus sagt, sie sei letztlich der Gradmesser des Jüngsten Gerichts (»Was ihr dem geringsten meiner Brüder getan habt, das habt ihr mir getan«), sondern er »heiligt« und heilt sich selbst, indem er den anderen beisteht. Und wer das Hergeben gelernt hat, kann auch leichter selbst Hilfe annehmen, kann den Stolz und die Selbstherrlichkeit überwinden, die es uns oft so schwer machen, bei anderen Hilfe zu suchen.

FASTEN, SAGEN DIE MÖNCHE, VERÄNDERT ZWAR NICHT DIE WELT. ABER FASTEN VERÄNDERT MENSCHEN. UND MENSCHEN VERÄNDERN DIE WELT.

Die Mönche wissen, dass der Mensch nicht vom Brot allein lebt, sondern dass der Mensch am Brot allein stirbt. In einer Zeit des Immer-Mehrismus wirken mönchische Begriffe wie »Verzicht« und »Mäßigung« fremd und provozierend.

Und wenn auch. »Man kann doch auf Dauer nicht leben von Kühlschränken, Politik, Finanzen und Kreuzworträtseln. Man kann es einfach nicht. Man kann doch nicht leben ohne Dichtung, ohne Farben, ohne Liebe«, schreibt der französische Autor Antoine de Saint-Exupéry, der Vater des *Kleinen Prinzen*, der selbst so viel Mönchisches in sich hatte.

Krankes schwindet, Gesundes bleibt

Einer Faustregel zufolge sind lediglich 50 Prozent aller unserer Körperzellen voll arbeitsfähig, weitere 25 Prozent sind jugendlich, aufbauend und die restlichen 25 Prozent alternd oder krank oder abbauwürdig. Das Fasten setzt beim letzten Viertel an. »Krankes schwindet, Gesundes bleibt«, sagt Otto Buchinger lakonisch.

Diese Faustregel lässt sich möglicherweise auch auf unsere Seele übertragen. »Zerreißt eure Herzen, nicht eure Kleider, und kehrt um zum Herrn, eurem Gott!« (Joel 2, 13) heißt deshalb für die Mönche das, was sie das »heilige Fasten« nennen. Im Fasten übersteigt der Mensch sich selbst. Und ohne diese Sehnsucht, über sich selbst hinauszuwollen, etwas zu berühren, was jenseits des Gewöhnlichen liegt, wird er allzu leicht im Banalen stecken bleiben, nichts begreifen von der Schönheit, Weisheit und Reinheit der Dinge. Er wird zwar weiterhin genug haben von dem, wovon er leben, aber viel zu wenig von dem, wofür er leben kann. Die »Herzreinigung durch Fasten« ist so gesehen auch eine wichtige Sinnsuche, die uns hilft, etwas von dem zu erfassen, dessen Ursprung wir nicht selbst sind.

Nicht übertreiben!

Das Mönchtum in der Wüste von Ägypten war gekennzeichnet durch asketische Übung und Entbehrung, um in den Höhen der Mystik möglichst nahe an die Sphäre Gottes zu gelangen. In den besten Zeiten gab es Tausende von Brüdern, die als Eremiten in Höhlen oder auch schon in umfriedeten Anlagen lebten.

Aber sosehr gerade ein Antonius das Fasten pries, so warnte er auch vor Übertreibungen: »Es gibt einige, die ihren Leib durchs Fasten schwächen; sie sind aber von Gott fern, weil sie kein Maßhalten beobachten.« Eine schöne Legende erzählt davon, wie der Eremit einmal einem Jäger eine Lektion erteilte: »Nimm ein Geschoss auf deinen Bogen«, meinte Antonius, »und spanne ihn.« Der Jäger tat es. Darauf der Mönch: »Spanne noch mehr!« Und er spannte. Und Antonius weiter: »Spanne!« Da sagte der Jäger: »Wenn ich über

Hans Memling, Der heilige Benedikt, *um 1485*

Vom rechten Maß beim Fasten

das Maß spanne, bricht der Bogen.« Darauf der Greis: »So steht es auch mit dem Werk Gottes und dem Fasten. Wenn wir über das Maß hinaus den Bogen anspannen, dann werden die Brüder rasch zerbrechen. Man muss ihnen daher bisweilen ein Zugeständnis machen.«

Meister Benedikts Maß und Mitte

Übertreibungen und Überspannungen, die sich letztlich gegen den eigenen Körper richteten und damit unfruchtbar wurden, schob erst der heilige Benedikt mit seiner Regel endgültig einen Riegel vor.

Als Benedikt nach der Zeit seines Studiums in Rom, von den entarteten Sitten der Stadt angeekelt, in die Einsamkeit der Sabiner Berge flüchtete, um das karge Leben eines Eremiten zu führen, lebte er nicht anders als die frühen Wüstenmönche. Er fastete streng, zog sich völlig zurück und widmete sich dem Gebet. Bald drangen Gerüchte über sein außerordentliches Leben in die Umgebung und verhalfen ihm zu großem Ansehen. Eines Tages kam die Bruderschaft eines Klosters mit der Bitte zu ihm, er möge ihr Vorsteher werden. Benedikt gab ihrem Drängen schließlich nach.

Doch den Insassen des Klosters missfiel Benedikts strenge Ordnung mit der Zeit so sehr, dass sie zuletzt Gift in seinen Wein schütteten, um den unbequemen Abt wieder loszuwerden. Benedikt, Spross einer Adelsfamilie aus Nursia, entkam dem Tod, weil er das Unheil erkannte und das unheilige Kloster verließ, um erneut fastend in die Einsiedelei zu gehen. Seine Abgeschiedenheit blieb auch diesmal nicht unbemerkt.

Bald sammelten sich junge Männer um ihn. Für sie gründete er zwölf kleine Klöster. Noch hatten sie nicht jene benediktinische Ausprägung, die später die Welt erobern sollte, sondern erinnerten eher an die frühen Mönchskolonien in der Wüste. Benedikt war schon über fünfzig Jahre alt, als er die zauberhafte Landschaft von Subiaco verließ und mit seinen Brüdern 529 auf dem Monte Cassino, zwischen Rom und Neapel, sein erstes großes Kloster errichtete und die bekannte Regel verfasste, nach der heute noch fast 9000 Benediktiner leben.

Benedikts Regel, die eine wirkliche Mitte und ein menschenwürdiges Maß verkündet, trägt bereits 1500 Jahre durch die Zeit, länger als jede Staatsverfassung.

»Ora et labora« – so wird diese Kunst bis heute zusammengefasst: »Bete und arbeite.« Und in der Tat sind Gottesdienst und Dienst am Menschen in der Regel so eng miteinander verbunden und aufeinander bezogen, dass die Benediktinerklöster in all diesen Jahrhunderten nicht nur Zentren des Gebets und des Gotteslobes waren, sondern ebenso unverzichtbarer Mittelpunkt des kulturellen Lebens der jeweiligen Gesellschaft.

Wo Sie Ihre Leber finden

Während ich dem Pater zu höre, der weiter von seinem Ordensvater erzählt, spüre ich, wie mein Blutzuckerspiegel und mein Blutdruck offenbar rapide absinken. Ich fühle mich elend und möchte mich am liebsten sofort hinlegen. Mein Fastenmeister beruhigt mich. Das sei eine ganz normale Erscheinung am zweiten Fastentag. Ich solle, empfiehlt er mir, nochmals Wasser trinken, und zwar mehr, als mein Durst verlangt, und mir einen Leberwickel machen. Die Leber, neben den Nieren wichtigstes Entgiftungsorgan, laufe jetzt nämlich ganz einfach zur Höchstleistung auf.

Der Leberwickel

Die Leber ist neben den Nieren unser wichtigstes Entgiftungsorgan. Sie muss daher während des Fastens Schwerstarbeit leisten. Ein Leberwickel wird sie dabei unterstützen.

- Man nehme drei Handtücher und eine Wärmflasche:

  1. Legen Sie ein trockenes Handtuch auf den Körper in Höhe der Leber (also auf den rechten Rippenbogen).
  2. Geben Sie ein mit heißem Wasser befeuchtetes Handtuch darüber.
  3. Legen Sie darüber erneut ein trockenes Handtuch.
  4. Obenauf kommt zum Abschluss eine mit heißem Wasser gefüllte Wärmflasche.
  5. Bleiben Sie nun gut zugedeckt etwa eine knappe halbe Stunde liegen.

- Bei der Anwendung des Leberwickels sollten Sie sich immer hinlegen. Durch die horizontale Lage wird die Leber besser durchblutet als im Stehen.

- Der Leberwickel sollte während der Fastenzeit täglich angewandt werden (am besten mittags zwischen 13 und 15 Uhr, da die Leber in dieser Zeit energetisch am schlechtesten versorgt ist).

In meiner Zelle fülle ich meine Wärmflasche mit heißem Wasser und wickle sie in ein nasses Handtuch. Doch wohin damit? Irgendwo auf den Leib, wohin sonst. Aber wo genau? Ich überlege. Wo befindet sich die Leber eigentlich, jene körpereigene Spülmaschine, die jetzt heiß läuft? Seltsam, wie wenig man von seinem eigenen Körper, von den Zusammenhängen und Abläufen in einem Organismus, von dem man Tag und Nacht abhängig ist, überhaupt weiß. Herz, Lunge, Leber, Nieren – was ist damit? Wie funktionieren sie? Was muss man beachten? Wie viel Zeit wir doch mit ganz unnützen Dingen verbringen und wie wenig damit, uns selbst kennen zu lernen!

Wenn man gesund ist und nicht gerade Medizin studiert, würde man wohl kaum auf die Idee kommen, die Funktion der Leber nachzuschlagen. Doch das Fasten bringt mich auch hier weiter: Ich weiß jetzt, wo ich meinen Leberwickel platzieren muss, nämlich auf dem rechten Rippenbogen.

Ein Drittel der Energie für die Verdauung

Mein gesamter Organismus, so lehrt mich der Pater, braucht speziell während meiner Fastenkur Zeit zur Gesundung und Kraft für sich selbst. Die notwendige Energie für die Wiederherstellung kranker und die Neubildung gesunder Zellen gewinnt er dabei aus seinen eigenen Nahrungsdepots. Indem er fastet, spart er sich die Verdauungsarbeit, die für gewöhnlich dreißig Prozent des gesamten Energieaufwandes beansprucht – und nutzt die frei werdende Energie für die Heilarbeit.

Jeder weiß aus eigener Erfahrung, dass Kraft, Schnelligkeit, Ausdauer und Denkvermögen keineswegs unmittelbar vom Essen abhängen. Der Nüchterne denkt oft besser und schneller. Jeder, der Sport treibt, kennt den Zusammenhang zwischen Fasten und Leistung. Welcher Bergsteiger würde sich vor dem Aufstieg schon den Bauch voll schlagen?

Solche Überlegungen, die mir der Benediktiner vorträgt, zerstreuen meine Befürchtung, das Fasten, das doch ziemlich an mir zehrt, könne mich ernsthaft schwächen. Andererseits macht es mir auch deutlich, dass ich während meiner Fastentage nichts »leisten« muss. Es geht auch nicht um den »Erfolg«, vier oder fünf Kilo abnehmen zu müssen. Fasten soll uns ganz einfach die Gelassenheit lehren, uns auf das Leben einzulassen. Gelassenheit, er könne es nicht oft genug wiederholen, sei eines der allerwichtigsten Heilmittel der Mönche, unterstreicht Pater Rhabanus.

BEIM FASTEN GIBT ES KEINEN ERFOLGSDRUCK.

So wie Gott am zweiten Schöpfungstag Wasser von Wasser trennte und Himmel und Erde schuf, so müssen auch wir immer wieder in unserem Leben Grenzen setzen, um uns nicht selbst zu überfluten. Dabei wird uns schnell klar: Das rechte Maß hat nichts mit Mittelmäßigkeit zu tun.

Übung des Tages:
Anleitung zum Trinken

Ganz wichtig während Ihrer Fastentage ist das Trinken – und zwar »über den Durst« hinaus. Stellen Sie sich für heute und alle anderen Tage mindestens zwei Liter Mineralwasser bereit und trinken Sie nichtarzneiliche Früchte- oder Kräutertees. Am Vormittag oder am frühen Nachmittag darf es auch schwarzer Tee oder Matetee sein, um den Kreislauf anzukurbeln. Ihr Körper braucht viel Flüssigkeit, um die Entgiftungsorgane zu unterstützen und das Gift aus ihrem Körper herauszuschwemmen. Trinken Sie alle Fastengetränke schluckweise. Wärmen Sie jeden Schluck im Mund vor beziehungsweise lassen Sie ihn abkühlen! Trinken Sie langsam und bedächtig.

Von den Versuchungen beim Fasten

Kartäusermönche im Kloster Marienau

Warum es Ihnen schlecht geht und wie Sie lernen, Ihr »Joch« weiter zu tragen

Ein paar Wölkchen ziehen am Morgenhimmel auf. Missmutig blicke ich aus dem Fenster: »Das wird heute ein Schlechtwettertag!« Ich fühle mich mies und in schlechter Gesellschaft mit mir. Nach dem Aufstehen ist mir der Tee zu heiß, ich stolpere über meine Schuhe. Kleinigkeiten regen mich auf. Das Fasten zehrt wirklich an mir. Ich erschrecke über mich selbst: Warum schiebe ich meine schlechte Laune auf das Fasten? Bin ich vielleicht immer so ungenießbar und merke es sonst nur nicht?

Müde und abgeschlagen hänge ich herum. Meine körperlichen Schwachstellen und meine alten Krankheitsherde scheinen sich zu melden. Was geschieht

> »EINEM HOCHMÜTIGEN IST DAS FASTEN ABZURATEN, DENN ES WIRD SEINEN HOCHMUT NUR VERSTÄRKEN.«
>
> Hildegard von Bingen, Benediktineräbtissin und Fastenlehrerin

mit meinem Organismus? Warum fühlt man sich so kraftlos und richtiggehend elend? Ist ein ähnlicher Prozess wie in der Homöopathie in Gang gekommen, bei der die chronischen Krankheiten sich ja oft langsam durch all ihre Entstehungsphasen rückwärts entwickeln, um dann mit der ursprünglichen, ersten Erkrankung endgültig zu verschwinden? In der biologischen Medizin wird hier von »Erstverschlimmerung« gesprochen. Meine Konzentration, meine Merkfähigkeit, meine Kondition, alles lässt nach. Wo aber sind die vielfach versprochenen euphorischen Fastengefühle? Kommen sie bei mir nicht zum Tragen? Bin ich der falsche Typ dafür? Oder ist die ganze Geschichte ohnehin eine buchstäblich fromme Mär?

Gerüche und belegte Zungen

Während des Fastens haben Sie oft Mundgeruch, und auch die Zunge ist stark belegt, da über die Mundschleimhäute Stoffwechselschlacken ausgeschieden werden. Abhilfe bei Mundgeruch: häufiges Zähneputzen oder das Kauen von frischen Kräutern (Schnittlauch, Dill, Petersilie). Abhilfe bei belegter Zunge: Benutzen Sie die Zahnbürste auch für die Zunge, spülen Sie den Mund häufig mit Wasser oder saugen Sie ein Stück Zitrone aus – mehrmals am Tag.

Vom »süßen Joch«

Mein Unbehagen und meine Zweifel nehmen zu und so hole ich mir Rat bei Pater Rhabanus. Wenn man dem Motor nur verschmutzten Treibstoff zur Verfügung stelle, so erklärt mein Fastenmeister, laufe er nicht so rund wie sonst. Die Organe steckten mitten in der Giftausscheidung. Die Gifte kreisten in meinem Körper, aber wenn sie ausgeschieden seien, werde es mir besser gehen. »Nicht aufgeben«, beschwört mich der Pater, »jetzt auf keinen Fall das Fasten abbrechen!« Es sei ja kein wirklich ernsthaftes Problem, sondern nur eine »Befindlichkeitskrise«, die ihre guten Gründe habe.

Befindlichkeitskrise! Das sagt sich so leicht. Mein Mönch empfiehlt mir, in dieser Situation nicht nur besonders viel zu trinken, sondern auch einen Einlauf zu machen, da dieser oft helfe, das Stimmungsruder herumzureißen. Ich solle mir Ruhe und Wärme gönnen. Und er erklärt mir, dass es beim Fasten neben der körperlichen natürlicherweise auch zu einer psychischen Entgiftung komme. Schlechte Träume, Stimmungsschwankungen – all das seien Zeichen, dass Unbewältigtes an die Oberfläche gespült würde und nach Klärung verlange. Dass Fasten im wahrsten

Was tun bei Fastenkrisen?

- Viel trinken, um die Ausscheidung zu fördern.
- Einen Einlauf machen.
- Sich viel Ruhe und Wärme
gönnen.
- Sich nicht zu Anstrengungen
zwingen.

- Notfalls ein Glas Butter-
milch trinken.
- Bei ernsthaften Be-
schwerden (z. B. Gallen-
koliken) sofort einen
Arzt verständigen.

Sinne Krankheiten vor-beugt, kann ich immer besser
verstehen: Ich spüre nicht nur, wie mein Körper die in
ihm steckenden Giftstoffe aussondert, sondern auch,
wie ein geistiger »Generalputz« in mir vorgeht. Ich
beuge mich freiwillig, endlich, bevor mich Krankheiten dazu zwingen.

Dass die Konfrontation mit der eigenen Schwachheit nervös und mürrisch macht, kennen auch die
Mönche. Pater Anselm erzählt freimütig: »Als in einer
Diskussion über das Fasten in unserem Konvent ein
Mitbruder meinte, es sei doch wohl besser, lieber nicht
zu fasten und guter Laune zu sein, als zu fasten und
für die anderen zur Last zu werden, weil man ständig
schlecht aufgelegt sei, meinte ein anderer, er halte das
für einen Trugschluss. Wenn wir unserer schlechten

Ein vom Teufel inszeniertes Gastmahl in einer Herberge soll die Dominikanermönche in Versuchung führen. Detail einer mittelalterlichen Miniaturmalerei

Von den Versuchungen beim Fasten

Laune dadurch aus dem Weg gehen, dass wir gut essen und trinken, dann lernen wir uns nie kennen.«

Ich komme ins Grübeln. Wie oft habe ich gut gegessen und getrunken und war dennoch gereizt und angriffslustig? Vielleicht hat meine momentan schlechte Stimmung gar nicht so viel mit dem Fasten zu tun, vielleicht bin ich nur sensibler geworden und wacher, sodass ich mein unmögliches Verhalten sofort bemerke und es mich stört, wie ich bin – etwas, das mir vor dem Fasten gar nicht auffiel.

In Medjugorje erklärte einmal ein Pilger, der mittwochs und freitags zu fasten begonnen hatte, dem Franziskanermönch Slavko, er würde an nur zwei Tagen fasten, aber dann sei er »ein unausstehlicher Mensch«. Slavko antwortete: »Ich gratuliere!« Worauf der Pilger ungläubig zurückfragte: »Vater, haben Sie denn verstanden, was ich zu Ihnen gesagt habe?« Der Franziskaner darauf: »Ich habe Sie gut verstanden und wiederhole: Ich gratuliere!« Verwundert sah ihn der Pilger an: »Warum die Glückwünsche?« Slavko antwortete: »Ich beglückwünsche dich, weil du nur an zwei Tagen in der Woche eine unausstehliche Person bist. Die anderen aber, die nicht fasten, sind es sieben Tage, nur bemerken sie es nicht.« Da Fasten ein Weg nach oben ist, ist er auch beschwerlich. Wie alle Wege nach oben. Jesus würde in diesem Fall vom »süßen Joch« sprechen. Immer wieder berichtet auch Mönchsvater Antonius, dass er – ähnlich wie Jesus in der Wüste während seines vierzigtägigen Fastens – vom Teufel versucht wurde. In seinem Kopf und in seiner ganzen

OHNE INNERE KÄMPFE KOMMT MAN NICHT ANS ZIEL.

Wahrnehmung spielten sich gespenstische Szenen ab. Erinnerungsfetzen aus Begebenheiten seines früheren Lebens tauchten auf. Die Lust des Gaumens kitzelte ihn. Nachts näherten sich ihm erotische Mädchengestalten und insgesamt verwandelte ein gewaltiger Sturm von Gedanken sein Inneres in einen seelischen Taifun. »Wie Wasserwogen«, schildert Walter Nigg, »gingen die Anfechtungen über ihn hinweg und drohten ihn zuzudecken.« Was war passiert? Der elementare Aufruhr, der in seiner Seele tobte, machte Antonius zum Prototyp des versuchten Menschen.

Durch die Versuchung reifen

Im Fasten, so heißt es bei den Meistern, wird uns unser wahres menschliches Schicksal bewusst: Es ist Versuchung und nicht Geborgenheit. Im Vaterunser bitten täglich Millionen von Christen: »Und führe uns nicht in Versuchung.« Und doch antwortete der Fastenmönch Antonius auf die Frage, warum es überhaupt Versuchung geben müsse: »Schaffe die Versuchungen ab und niemand wird gerettet werden.«

Fasten ist gewissermaßen eine Erprobung des Lebens, es verhindert das Versinken in die Gleichgültigkeit, in der jedes geistige Ringen aufhört.

»VERZICHT NIMMT
NICHT, VERZICHT GIBT.
ER GIBT DIE UNER-
SCHÖPFLICHE KRAFT
DES EINFACHEN.«

Martin Heidegger

Dass wir uns in dieser Extremzeit selbst anders erfahren und auch selbst aushalten müssen, ist schon nicht so leicht. Für viele Menschen gibt es nichts Schmerzlicheres, als einmal ungeschminkt sich selbst zu sehen, zu hören und zu fühlen. Dennoch: Gerade in der Versuchung habe ich als Mensch die Möglichkeit, mich zu bewähren, zu wachsen, zu reifen. In der Versuchung werde ich, wie es heißt, wie »Gold im Feuer« geläutert.

Am frühen Nachmittag treibt mich ein Aufruhr von bösen Gedanken und Anfechtungen aus meiner Zelle. Ich gehe hastig über den Klosterhof zum etwas entfernter liegenden Garten, wo ich Bruder Daniel vermute, neben dem ich heute beim Morgengebet in der

Kirche stand. Kaum dass ich ihn begrüßt habe, bemerkt er meine innere Unruhe und erzählt mir, wie das ständige Aufnehmen von bösen Bildern und schlechten Gedanken – auch wenn es nur über das Fernsehen oder die Zeitung geschehe – uns krank mache. Durch das Fasten werde alles Negative in mir aufgewühlt.

Bruder Daniel, der sonst die heilenden Kräfte im Kräutergarten sucht, legt seine Schaufel beiseite und lädt mich ein, mit ihm den Kreuzweg am Berghang abzugehen: 14 Stationen aus dem Leidensweg Jesu, dargestellt auf schreibheftgroßen Bildern, eingefasst in kleine Mauersäulen. Wir betrachten die traurigen Bilder und Bruder Daniel betet vor jedem einzelnen: »Wir beten dich an, Herr Jesus Christus, und preisen dich. Denn durch dein heiliges Kreuz hast du die Welt erlöst! … Heiliger Gott. Heiliger, starker Gott. Heiliger, unsterblicher Gott. Erbarme dich unser!« Es gibt Dinge im Leben, die man nicht beschreiben kann. Die gewaltige Kraft und innere Tröstung, die mir dieser Kreuzweggang brachten, gehörten dazu.

Die Mönche setzen das Fasten als Mittel zur Reinigung ihrer Herzen ein. Mit dem Fasten eröffnen sie den Kampf gegen die Laster, gegen die Feinde ihrer Seele, die regelrecht als dämonische Versuchungen

Kartäusermönche am Tisch, Kloster Marienau

erlebt werden. Nehmen Feindberührung auf und begegnen dem, was ihre Seelen ganz besonders in Gefangenschaft zu nehmen versucht, nämlich die Laster der Völlerei, der Unzucht und der Habgier. Es sind die drei Grundgelübde der Ordensleute: Gehorsam, Armut und Keuschheit, die den Mönch zu einem »anderen« Menschen machen. Und nirgendwo ist er mehr angefochten und größeren inneren Kämpfen

Von den Versuchungen beim Fasten

ausgesetzt als in der Erfüllung dieses dreiteiligen Versprechens.

»Die Erfüllung dieser Gelübde, die wir die ›evangelischen Räte‹ nennen«, erläutert mir Pater Rhabanus, als ich im Klosterladen stöbere und er die Regale nachfüllt, »machen uns zu reifen Menschen.« In der mönchischen Entsagung stecke so vieles, was das Leben wertvoll mache. Der Mensch übe dabei Tugenden wie Treue, Enthaltsamkeit, Zurückhaltung, Reinheit und Demut ein – Dinge, die nur gelingen könnten, wenn der Mensch eine innere Freiheit besitze. Leicht sei das alles freilich nicht, meint Rhabanus, der gerade einen schweren Karton mit Honiggläsern aus einer französischen Klosterimkerei abstellt, es bleibe für den Mönch immer eine »süße Versuchung«, in vermeintliche Weltfreuden zurückzustolpern. Wir sind immer angefochtene Menschen und können immer auch fallen.

Letztlich, so hat es der Benediktinermönch und Buchautor Pater Anselm Grün formuliert, gehe es beim Fasten der Mönche darum, »durch eine gesunde Askese das Gute in uns hervorzulocken und die Triebe zu verwandeln – damit uns die Kraft, die in ihnen steckt, weiterhin zur Verfügung steht«.

Beim Fasten haben Sie häufiger kalte Hände und kalte Füße. Weil der »innere Ofen« auf Sparschaltung umstellt, kann es sein, dass Sie frieren. So können Sie sich helfen:

- mit warmer, aber luftiger Kleidung ohne Kunstfasern,
- mit viel Bewegung,
- mit einer Wärmflasche an den Füßen,
- mit heißen Fußbädern.

Was Fasten mit Liebe zu tun hat

»Es kann kein Ding so gut und heilig sein«, wusste Basilius der Große, »dass der Teufel es nicht benützt, um sich darin zu verstecken wie der Wurm in der Nuss.« Basilius, der im 4. nachchristlichen Jahrhundert lebte und neben Antonius und Pachomius einer der Urväter der Wüste war, sammelte die bis dahin verstreut lebenden Einsiedler zu Gemeinschaften, musste aber selbst unter diesen Gottsuchern Menschliches und Allzumenschliches erleben.

Denn sobald sie zusammen waren, begann unter den Einsiedlern ein hartes Kopf-an-Kopf-Rennen: Wer ist der strengste Asket? Wer ist der beste Faster?

Manche banden sich schwere Gewichte um, um die Strapazen noch zu erhöhen. Andere wollten sich durch Bußgürtel und Selbstgeißelungen zusätzlich kasteien. Da saß nun also der Teufel in der Fastennuss, und Basilius hatte alle Hände voll zu tun, um ihn wieder zu vertreiben. »Was man aus Prahlerei tut, bringt keine Frucht, sondern endet mit dem Lob der Menschen«, so ermahnte er seine Brüder und sorgte dafür, dass die jeweiligen Oberen in ihren Gemeinschaften eine für alle verbindliche Fastenvorschrift erließen. »Ja, selbst in guten Dingen mehr zu wollen als die anderen, ist Streitsucht, eine Leidenschaft, die der Begierde nach eitler Ehre entspringt«, schrieb Basilius in seiner Regel und legte damit den Fastenwettlauf erst einmal auf Eis.

Viele unserer Vorstellungen über Klöster entspringen Klischees. Und nicht oft genug kann man daran erinnern, dass es auch unter Ordensleuten »solche und solche« gibt, die wie wir keine Menschen ohne Fehler und Sünde sein können. Echte Mönche versuchen aber zum einen ihre Ideale zu leben, zum anderen sich von ihren tugendhaften Leistungen nicht einnehmen und zu Sklaven ihrer eigenen Askese werden zu lassen. Fasten ist deshalb, wie gesagt, nie Selbstzweck: Nie kann Fasten wirklich geübt werden, ohne nicht auch die Demut – die seit alters her als eine Tür zu Gott bezeichnet wird – und letzten Endes die Liebe zum Ziel zu haben.

Für die Mönche sind nicht die Erwartungen und Reaktionen von außen, sondern die Liebe zur Schöpfung und zum Schöpfer die Triebfeder des Handelns. An den Klosterpforten zerschellt die Wertordnung der Welt. »Lasst uns das höchste Gut erlangen, die Liebe«, sagt der fastende Mönch, »nichts ist Fasten, nichts ist Wachen. Nichts ist Sichabmühen ohne Liebe, denn es steht geschrieben: Gott ist die Liebe.« Auch der Apostel Paulus unterstreicht in seinem Hohelied der Liebe (1 Korinther, 13) die Auffassung, dass alles nichts sei ohne Liebe. Solche Sätze haben in unserer so auf Erfolg und Ansehen fixierten Welt einen seltsamen Klang bekommen. Aber die Mönche erinnern uns auch hier durch ihre bloße Existenz an die Grundfesten der kosmischen Ordnung.

Während ich mit Pater Rhabanus über den langen Flur spaziere und einige Bilder betrachte, weist er mich auf eine kleine Geschichte hin, die ein wenig von der Tiefe dessen erzählt, worum es bei der Fastenzeit geht. Und er erzählt mir von einem alten Mönch, der Armut und Enthaltsamkeit lebte. Zu ihm kam ein junger Mann mit ausgestreckten leeren Händen und sagte: »Ich bin gekommen mit nichts in den Händen!« Der Mönch runzelte die Stirn und rief: »Lass es sofort fallen, dein Nichts!« Sie sehen, meinte Rhabanus, sogar dieses Nichts kann missbraucht werden. Es kann selbst zum Besitz werden und zur Versuchung für das Ego, sich damit aufzublähen.

»Gerade wenn Sie im Fasten die vielen Ersatzbefriedigungen aus der Hand legen, die Sie für gewöhnlich so häufig betäuben und blind machen, können Sie Ihre innerste Wahrheit erkennen«, verdeutlicht mein mönchischer Lehrmeister. »Jetzt zeigt sich allerdings auch, ob Sie – wenn Sie alles Äußere aufgegeben haben – auch dem inneren Stolz widerstehen können.« Oft sei es so: Je härter wir im Fasten gegen unseren Leib seien, umso mehr wachse der Stolz. »Wir glauben dann«, warnt auch Anselm Grün, »die Triebe aus eigener Kraft beherrschen zu können. Wir wollen das ›Tier‹ in uns unterdrücken, seine Kraft brechen und dadurch vor den anderen besser dastehen.«

»ES GEHT NICHT DARUM, DIE TRIEBE IN UNS ZU UNTERDRÜCKEN, SONDERN DARUM, EIN NEUER MENSCH ZU WERDEN.«

»Wer nur fastet, um damit die Anerkennung der Menschen zu erreichen, erfährt letzten Endes nicht die ganzen positiven Wirkungen des Fastens«, ergänzt

Pater Rhabanus. Das körperliche Fasten muss mit dem geistigen verbunden sein, das heißt mit der Enthaltung von schlechten Gedanken, von Stolz, Machtgier und Geltungssucht. »Damit Gott dein Fasten angenehm ist, darfst du nicht nur auf Gott allein sehen, denn du bist auch deinen Mitmenschen verpflichtet, und Gott will nicht, dass du jene gering schätzt, die er selbst nicht gering schätzt«, schrieb der von Liebe verwundete Mönch Bernhard von Clairvaux, der im 12. Jahrhundert mehr als 160 Abteien gründete und es auch als Oberer verstand, zu jedermanns Schwächen herabzusteigen.

Die spannendste Zeit des Lebens

Ein Tag, der so mühsam begonnen hat, geht gut zu Ende. Das Fasten hat die »Türen meiner Seele« geöffnet, alte Verwundungen kamen an die Oberfläche. Mir wurde ein Spiegel vorgehalten. Kein leichter Tag. Fasten führt uns an unsere eigene Grenze. Aber ich habe auch gesehen, dass viele Probleme, die ich für

Kartäusermönch beim Glockenläuten

riesige Berge gehalten hatte, nur kleine Maulwurfs-hügel sind und dass in der Tat aus einem Verzicht eine ungeahnte Erleichterung, mehr noch, eine neue Kraft entstehen kann. Wie es der Dichter Werner Bergengruen in seinem Gedicht »Die himmlische Rechenkunst« festgehalten hat: »Liebt doch Gott die leeren Hände und der Mangel wird Gewinn.« Und weiter: »Jeder Schmerz entlässt dich reicher. Preise die geweihte Not.«

Die Mönche halten die Fastenzeiten für die interessantesten Zeiten ihres Lebens. Wenn sie darüber reden, spürt man, dass sie über tiefe und letzten Endes glückliche Erfahrungen sprechen. Es gibt eben Wege, die abwärts, und Wege, die aufwärts führen – zum Schlechten oder zum Guten. Versuchungen warten überall. Im Fasten freilich spüren wir sie deutlicher als sonst; spüren ihre Verheißungen, aber auch ihren Preis, der immer auch in einem Abfallen von sich selbst liegt, im Verlust des eigentlichen Wesens unserer Person, ohne das wir nicht werden können, was wir sind.

Meditieren wir am Ende dieses dritten Fastentages, so raten die Mönche, über den dritten Schöpfungstag der Bibel, an dem Gott die Vielfalt auf der Erde entstehen ließ, Gras und Kraut und Samen und Bäume mit Früchten aller Art. Leicht können wir nachvollziehen, wie wichtig es ist, von Zeit zu Zeit all den Wildwuchs, der die Schönheit und Farbenpracht unserer Seele überwuchert, zurückzuschneiden, um wieder das Eigentliche sehen zu können, von dem Gott sprach, dass es gut war.

Übung des Tages:
Anleitung zum In-den-Spiegel-Schauen

Legen Sie einen Handspiegel bereit. Morgens und abends schauen Sie fünf oder zehn Minuten in diesen Spiegel. Nehmen Sie sich Zeit, sich Ihr eigenes Gesicht genau anzusehen. Blicken Sie sich in die Augen: Sie sind ein einmaliger Mensch. Lächeln Sie sich an. Fragen Sie sich vor dem Spiegel: Wer bin ich? Wie lebe ich? Was will ich morgen anders machen? Von welchen Kräften lasse ich mich beeinflussen? Nehmen Sie sich selbst ernst, sagen Sie Ja zu sich. Sie sind ein gewollter und geliebter Mensch. Geben Sie aber auch Schwächen und Fehler zu. Doch versöhnen Sie sich mit sich selbst – denn nur, wenn Sie mit sich selbst ins Reine kommen, können Sie auch mit anderen Menschen offen und geradlinig umgehen.

Von der Selbstfindung beim Fasten

Im Donauwasser spiegelt sich das Kloster Melk

Wie sich Ihre »Sünden« melden – und wie Sie sich wieder reinwaschen

»JEDER KANN ZAUBERN,
JEDER KANN SEINE
ZIELE ERREICHEN,
WENN ER DENKEN KANN,
WENN ER WARTEN KANN,
WENN ER FASTEN KANN.«
Hermann Hesse

Über einen Sandweg kehre ich von meinem Morgenspaziergang zum Kloster zurück. Von dem kleinen Turm der Klosterkirche dringt der Glockenklang durch die milde Sommerluft, und je näher ich der Kirchenmauer komme, umso deutlicher vernehme ich das morgendliche Singen der Mönche. Die klaren Stimmen dieser Männer in den dunklen Kutten, die sich David, Jeremia oder Daniel nennen und die ihre Klostertüren für Menschen wie mich geöffnet haben, bewegen mich.

Es ist, als hätte dieser Gesang für sich allein schon eine therapeutische Wirkung. Er vermittelt mir eine positive Stimmung, die mir gut tut und mich stärkt. Nicht umsonst wird in den Stundengebeten so viel gesungen. Nicht umsonst ist der gregorianische Choral für die Feier der Eucharistie den Mönchen zur Pflege aufgegeben – eine göttliche Musik, die mir wie die Vorwegnahme himmlischer Gefilde vorkommt. Jedenfalls strömt etwas durch meinen Körper, das mir wohl tut, sich wie Balsam um meine Seele legt und sie regelrecht salbt.

Nach der Laudes will Pater Rhabanus in den Fastengruppen, die er in seiner anspruchslosen Kutte und ohne jeden Anflug von Allüren leitet, den Menschen auf dem Weg zu sich selbst helfen. »Alles loslassen, was uns gefangen nimmt«, empfiehlt er, um die Stille im Kloster auszuhalten. In dieser Stille könnten wir dann das Ganze unseres heutigen Tages oder auch das Ganze unseres Lebens anschauen, um nach und nach die verwirrende Vielfalt und Widersprüchlichkeit in unserem Innern zu überwinden. Wir müssten zunächst aber einmal die Angst davor loslassen, mit der Zeit und mit dem Zeitgeist nicht mithalten zu können. Es sei ja gerade unser Umgang mit der Zeit, der uns auffresse. »Wir hoppeln ständig hinterher und haben Angst, es nicht mehr zu packen. So setzen wir uns pausenlos den Zeiträubern aus.«

Rhabanus weiß, wovon er spricht, da er selbst im Kloster vielfältige Aufgaben übertragen bekommen hat. So ist er Cellerar, also Verwalter der gesamten Klosterwirtschaft, ist in der geistlichen Leitung und Betreuung der Menschen tätig und daneben auch noch Kantor und Organist und verantwortlich für den Klosterladen. »Manchmal ist es auch im Kloster stressig«, gesteht er. Wichtiger sei es ihm jedoch, immer mehr Mönch zu werden, sein Leben zu vertiefen und Gott näher zu kommen. Deshalb faste er auch regelmäßig, weil Fasten unsere Geschwindigkeit und unsere Zeitwahrnehmung verändere. Dabei weist er auf eine weitere paradoxe Wirkung des Fastens hin: Man wird langsamer und hat doch mehr Zeit als zuvor, weil man nicht mehr um jede Minute kämpfen muss, sondern endlich auch einmal Zeit verschwenden kann. Ein großartiger Luxus! Es ist ein wunderbares Gefühl, ein Genuss regelrecht, einmal Zeit verschwenden zu können, anstatt wie sonst auch mit ihr zu geizen.

ICH BIN HELLHÖRIGER GEWORDEN UND SEHE KLARER, SEIT ICH MIT DEM ESSEN AUFGEHÖRT HABE.

Schon der Wüstenmönch Cassian wusste, dass das Vielessen die »klare Sicht des Herzens abstumpft«. Darum lobte er das Fasten so sehr. Knapp 200 Jahre später, im 5. Jahrhundert, sagte ein anderer Mönch, Philoxenes, erst der durch Fasten vom »Schleier der

Herzverfettung« befreite Mensch beginne zu erkennen, dass »noch etwas anderes existiert als das, was er sieht und greift«. »Durch Fasten kommen wir uns selbst näher«, schöpft Pater Rhabanus aus seinem reichen Erfahrungsschatz mit Fastenden. »Jeder Mensch trägt seine Geschichte in sich. Durch Fasten werden wir sensibler. Wir nehmen den Ballast, den wir mit Ablenkung und Essen aufgeschüttet haben, in uns wahr. Wir stellen uns unserer Schuld und unseren Verletzungen. Und wir haben im Fasten die Chance, uns selbst anzunehmen.«

Innere Heimat

»Eine Art Lösung und Lockerung verkrampften seelischen Gefüges ist erkennbar, eine Klärung der Lage und eine höhere Feinfühligkeit. Das analytische Denken ist anfangs erschwert, die Intuition vertieft und erleichtert. Zu Anfang des Fastens erleben wir einen kurzen, aber deutlichen Pendelschlag der Gemütslage nach der depressiven Seite. Dann einen deutlichen Ausschlag nach dem Gegenteil, der manischen Seite: Wir finden erleichterte Gedankenabläufe, erhöhte seelische Produktivität … Der innere Ruhepunkt, das Meta-Zentrum … wird entdeckt, eben die innere Heimat.«

Dr. Otto Buchinger, nachdem er über 2500 Patienten beim Fasten beobachtet hatte.

Wozu wir einen »Erlöser« brauchen

Pater Rhabanus beginnt aus der Klosterschule zu plaudern, als ich von ihm wissen will, worin denn »seine« Weisheit sich von den Lehren der New-Age-Bewegung unterscheide und warum mönchisches Fasten etwas anderes sei als das Fasten in einer Esoterikgruppe. Der Gegensatz, so der Pater, sei eigentlich ganz offenkundig. Während viele außerchristliche »Heilige« sich zum göttergleichen Menschen erheben und die Erlösung aus sich selbst heraus predigen, ist der christliche Mönch davon überzeugt, den Aufstieg nur durch die Gnade Gottes erreichen zu können. Ein Mönch ist nicht der durch gnostisches Geheimwissen allen anderen überlegene Mensch, der sich durch Fasten und andere Leistungen selbst befreit, sondern einer, der sich demütig Gott ausgeliefert hat. Lehrt die Esoterik, der Mensch könne sich selbst erlösen, so sagt mir der Mönch genau das Gegenteil: »Du musst zu dir finden, musst dich dir stellen – aber erlösen kannst du dich niemals selbst. Du brauchst einen ›Heiland‹, einen ›Erlöser‹.«

Der Pater fährt mit seiner hohen und feinen Stimme fort: »Fasten hilft, den eigenen Istzustand zu erkennen.

Wer richtig fastet, wird sich seiner Bruchstückhaftigkeit bewusst. Er spürt, dass er Erlösung und Vergebung braucht.« Das ist letztendlich der Grund, warum die Teilnehmer von Fastenkursen auch die Möglichkeit suchen, über ihre Sorgen und Lasten zu sprechen. Fastende fragen nicht selten nach dem kirchlichen Sakrament der Buße, weil jedem, der in den Beichtstuhl steigt, immerhin auch eine seelische Reinigung versprochen wird. Beichten ist wie ein Vollwaschgang. Nicht alle, die dieses Sakrament der Kirche empfingen, seien heilig, doch die Heiligen seien immer unter denen, die häufig beichteten, sagte einmal der berühmte Pfarrer von Ars, der vor 200 Jahren oft täglich bis zu 18 Stunden im Beichtstuhl saß, weil Menschen aus ganz Frankreich anreisten, um den Segen des Bußsakraments bei diesem begnadeten Beichtvater zu erfahren.

Im ersten ostkirchlichen Kloster des heiligen Basilius kam einmal, irgendwann im fünften Jahrhundert, ein Mönch ganz verwirrt zu seinem Abt. »Was ist

Sakristei im Kloster Nova Rise, Böhmen

mit dir, Bruder?«, fragte ihn dieser. Er erwiderte: »Ich habe eine große Sünde begangen und vermag nicht, sie den Vätern zu offenbaren.« Darauf ermutigte ihn der Abt: »Bekenne sie mir und ich werde sie tragen.« Welch großes Wort, welche Hilfe! Anstelle des bloßen Anhörens, anstelle eines psychologischen Ratschlags – ihm die Last abnehmen! Ein größeres Solidaritätsgefühl ist kaum mehr denkbar.

Von den sieben »Hauptsünden«

Viele Menschen haben heutzutage ein Problem mit dem Begriff »Sünde«. Man sieht darin ein Weltbild, das sich selbst überlebt hat, wenn nicht gar eine »Erfindung« der Kirche. Die Bereitschaft, sich für sein Handeln und die eigenen Fehler und Versäumnisse zuständig zu fühlen oder gar sich zu bessern, geht uns zunehmend verloren.

In der Fastenzeit werden allerdings solche elementaren Bestandteile unserer menschlichen Existenz fast automatisch wieder gegenwärtig, sie drängen sich regelrecht auf. Und dann ist es wichtig, so scheinbar altmodische Begriffe wie »Schuld« und »Sühne« in ihrer ganzen Dimension erfassen zu lernen. Unter »sündigen«, so erklärt mir Pater Rhabanus, »verstehen wir Mönche auch so etwas wie ›sich absondern‹, ›den Punkt verfehlen‹. Fasten ist ein Weg, um zurückzufinden.«

Der Benediktiner fährt fort: »Gehen Sie doch einfach mal die klassischen sieben Todsünden durch. In einer Zeit, in der wir alle glauben, ohne Sünde zu sein, werden Sie bald merken, wie oft wir in diese sieben Hauptlaster verstrickt sind.« – »Ich bekomme sie nicht zusammen«, höre ich mich kleinlaut murmeln. Dass auch der Pater überlegen muss, beruhigt mich etwas. Dann fängt er mit der Aufzählung an: 1. Hochmut, 2. Geiz, 3. Unkeuschheit, 4. Zorn, 5. Völlerei, 6. Neid und 7. Faulheit. »Sehen Sie nicht, wie klug und wie treffend diese Auswahl ist? Sie hält uns einen Spiegel vor – und sie hilft uns, uns selbst besser zu erkennen. Uns zu orientieren. Letztlich, uns zu verbessern, um mit uns selbst und mit anderen wieder besser auskommen zu können.«

»Die Linie, die Gut und Böse trennt«, schreibt Alexander Solschenizyn in seinem *Archipel Gulag*, »verläuft nicht zwischen Klassen und nicht zwischen Parteien, sondern quer durch jedes Menschenherz. Diese Linie ist beweglich, sie schwankt im Lauf der Jahre. Selbst in einem vom Bösen besetzten Herzen hält sich ein Brückenkopf des Guten. Selbst im gütigsten Herzen – ein uneinnehmbarer Schlupfwinkel des Bösen.«

Die Lehre von der Leere

Am Aschermittwoch, dem ersten Tag der alljährlich von der katholischen Kirche begangenen vierzigtägigen Fastenzeit, gibt es in München einen alten Brauch. Da zieht der gesamte Stadtrat, der Oberbürgermeister voraus, am Morgen zum Fischbrunnen vor dem Rathaus. Dann holt jeder seinen Geldbeutel aus der Hosentasche, um ihn im Brunnen zu waschen. Nur eine verspätete Faschingsgaudi? In jeder Volksfrömmigkeit und jedem Brauchtum finden sich wertvolle tradierte Erfahrungen, Hinweise auf notwendiges Lebenswissen und Ermahnungen – sei es nun darauf, dass wir einst, wenn wir sterben, weder Geld noch andere materielle Dinge mitnehmen können, oder sei es darauf, sich einmal wieder aller Lasten zu entledigen, gewissermaßen reinzuwaschen.

Vielfach haben wir jene wichtigen Symbole und Riten ganz vergessen, deren Pflege notwendig ist, um uns selbst wieder besser zu spüren und »in den Griff« zu bekommen. Gerade die Fastenzeit kennt eine Vielzahl solcher symbolhafter Verknüpfungen. Sie ist, um beim Beispiel zu bleiben, auch eine Zeit des Leerwerdens. Haben wir nicht auch einen Beutel, den wir das ganze Jahr über voll stopfen, mehr als ihm oft gut tut? Während meines Fastens mache ich ihn ganz leer und wasche ihn aus. Bis in die letzte Magenfalte und Darmzotte. Und ich leere noch mehr. Mein Hirn: überbordend vor unnützem Gerümpel, Klatsch, billigem Fernsehkitsch, kleinkariertem Tagesärger. Mein Herz: bis an den Rand gefüllt mit Alltagssorgen und Alltagswünschen, mit großen und kleinen Verletzungen, Enttäuschungen und Erwartungen. Jetzt wird ausgemistet. Das Heilige in uns braucht Raum, so kommt es mir in den Sinn.

Gewinn durch Abbau, sagt der Mediziner beim heilenden Fasten. Der Körper baut beim Fasten alles ab, was ihn belastet, was er nicht braucht, was ihn stört und krank macht. Nicht anders ergeht es dem Menschen natürlich auch im seelischen Bereich. Brauche ich wirklich alles, fragt der Fastende, was ich um mich herum ansammle? »Seht euch nur mal an«, fordert Siegfried Lenz in einem seiner Romane auf, »was in den Warenkörben liegt, ich meine an Notwendigem und Überflüssigem.«

Erst wenn wir leer geworden sind, können wir neu zu denken beginnen.

Vom Essen und vom Schauen

Die französische Philosophin Simone Weil, eine Atheistin, die Gott nie bewusst suchte und doch von seiner Allgegenwart völlig ergriffen wurde, entdeckte im Menschen zwei wesentliche, einander gegenüberstehende Grundeinstellungen. Weil nannte sie »Essen«

Blick vom Jakobsberg ins Rheintal

und »Schauen«. Gemeint ist damit eine fragende Mahnung: Bin ich ein Esser? Will ich immer alles haben, und zwar sofort? Will ich alles aufessen, konsumieren, verbrauchen? Ist unsere Gesellschaft ein Volk von Essern? 10 000 Dinge besitzt jeder Mensch – statistisch gesehen. Welch riesige Menge – erst recht, wenn man sich bewusst macht, was man davon wirklich braucht und was Menschen in armen Ländern besitzen.

Die Mönche zählen zu den Schauenden. Zumindest wollen sie sich stets daran erinnern und es immer wieder neu versuchen. Benedikt wies ihnen den Weg dazu. Sie sollen, so empfahl er, »einander in Achtung zuvorkommen«: »Keiner achte auf das eigene Wohl, sondern mehr auf das des anderen.« Am ausführlichsten wird vom Ordensgründer die Regel Nummer sieben abgehandelt. Es ist die Regel der Demut. Auch wir können sie auf dieser Zwischenstation unseres Fastens anwenden, denn eine Leiter von zwölf Stufen macht aus dem »Esser« einen »Schauenden«: einen, der nicht alles besitzen muss, der die Dinge dieser Welt sein lassen und von ihnen lassen kann, so wie wir im Moment von Schweinebraten und Leckereien lassen. »Durch Selbsterhöhung steigen wir hinab«, schreibt Benedikt über die Himmelsleiter, »und durch Demut hinauf.«

Demut heißt, das Ich zu opfern. Allen Verzicht, den die Mönche üben, alle Opfer, die sie bringen, sind nur Etiketten für dieses Opfer des eigenen Ichs. Und das ist auch für einen Mönch nicht einfach. Mutter Teresa von Kalkutta antwortete vor einigen Jahren einem Politiker, der gute Vorsätze fassen wollte und von ihr eine Empfehlung wünschte, wie er seine Arbeit besser machen könnte, genau in diesem Sinne: »Nehmen Sie sich ein bisschen mehr Zeit zum Knien.«

Genau besehen, meint Rhabanus, habe der Mensch nichts als sein Ich. Alles andere – Wohlstand, Familie,

Freunde, Gesundheit – könne jedem von uns durch Unglück, Zufall oder eigene Dummheit verloren gehen. Nur unser Ich bleibe uns erhalten. Und auf das wollen die Mönche ganz besonders achten – um es irgendwann einmal dem zurückzugeben, von dem es letztlich kommt. Macht und Einfluss, Ansehen und Reichtum, das alles stärkt den Menschen nicht wirklich, sondern stumpft ihn ab, macht ihn kraftlos und das Herz kalt. Wir leben in einer Spaß- und Erlebnisgesellschaft. Und doch ist uns oft genug so unendlich langweilig. Alles, was geschieht, berührt unseren Geist und unsere Seele nicht mehr wirklich. Man lebt ein bisschen wie gestorben.

»Fasten macht den Menschen hellsichtig«, so schließt der Mönch unsere kleine Meditation ab. Man sieht plötzlich das wirklich Wirkliche, das, was hinter unserer Glitzerwelt liegt, das, was kein Fernsehen zeigen kann – ebenjenes viel beschworene und meist auch so verächtlich gemachte Wahre, Schöne und Gute. Der Fastende, der zu einem Schauenden geworden ist, kann es sehen. Und auch wenn das oft nur blitzartig aufscheinen mag, so kann man es immerhin wieder einmal erkennen. Und festhalten will der wirklich Schauende ja ohnehin nichts.

Vom Sinn des Fastens

Zu einem heiligen Mann, der fastend und betend in der Wüste an einer kleinen Wasserstelle lebte, kam eine Gruppe neugieriger Reisender. Er war gerade beschäftigt, Wasser aus der Zisterne heraufzuziehen. Sie fragten ihn: »Sagt doch, was für einen Sinn hat euer Fasten?« Der heilige Mann forderte sie auf: »Schaut in den Brunnen. Was seht ihr?« Sie beugten sich über den Rand. Das Wasser unten kräuselte sich in vielen kleinen Wellen und sie antworteten: »Nichts sehen wir.« Nun ließ er sie eine Weile schweigend warten und forderte sie dann erneut auf: »Schaut in den Brunnen, was seht ihr jetzt?« Sie beugten sich also erneut über den Rand und sahen nun im still gewordenen Wasserspiegel ihr eigenes Bild. Der Heilige aber sprach: »Das ist der Sinn des Fastens: Man erkennt sich selbst.«

Gesunder Körper, stabile Seele

Als ich in meine Zelle zurückgekehrt bin, gehen mir diese Gedanken noch lange nach. Ist nicht auch unsere Sprache bereits ein Seismograph für die möglichen Krankheitssymptome unseres Befindens? Werden nicht auch häufig die Bedürfnisse unserer Seele »hinuntergeschluckt«? Wer Ärger oder Ängste »in sich hineinfrisst«, wird »sauer« – ihm »schlägt etwas auf den Magen«. Einem anderen »läuft die Galle über«, es »geht ihm an die Nieren«, er hat einen »Kloß im Hals« oder ganz einfach »die Nase voll«.

»Es ist nie zu spät«, hat der Pater gesagt, »um sich auf den Weg des Fastens und der Umkehr zu machen, auch wenn die Füße schwer wie Blei sind.« Ein tröstliches Wort. Und es sei allemal besser, ruhig zu werden, selbst umzukehren, als den allgemeinen Notstand zu beklagen. Das Fasten führt die Mönche und all jene,

Ordensschwestern aus dem Kloster Kellenried

Von der Selbstfindung beim Fasten

die ihnen auf diesem Weg folgen, so heißt es in den Lehren der Benediktiner, an die Schwelle des Himmels. Erst wenn man alles loslässt, sich abnabelt von allem Äußerlichen, was einen vermeintlichen Halt gibt – vom Essen, vom Alltag –, fühlt man wieder Dinge, die innerlich befriedigen.

FASTEN BEFREIT DEN LEIB VON DER HERRSCHAFT DES BAUCHES UND DIE SEELE VON DEN ZWÄNGEN DES HABEN-MÜSSENS.

Nach der zwischenzeitlichen Krise beginnt das Fasten, mich glücklich zu machen. Ich spüre, dass es eine Rettung gibt, die darin besteht, gar nichts zu tun, sich nur auszuliefern. Die Mönche sagen: »Lass Gott an dir handeln und du erfährst: Ich will in Frieden mit meinem Körper leben, weil ich ihn mag. Ich faste, weil ich ihm etwas Gutes tun will.« Ich spüre: Der Leib ist nicht das Grab der Seele, wie die Schule der Orphiker lehrte, ganz im Gegenteil – ein gesunder Körper stabilisiert die Seele, er macht sicherer und das Leben gefestigter.

Die Linie, die Gut und Böse trennt

Während ich meinen Gedanken nachhänge, hat den Himmel ein wunderschönes Abendrot überflutet, und ich entschließe mich, am Ende dieses Tages einem dringenden Rat meines Fastenmeisters zu folgen. »Bewegung und frische Luft während des Fastens sind unerlässlich!«, mahnt Pater Rhabanus. Auch der sportlich ungeübte Faster sollte spazieren gehen, schwimmen, Rad fahren oder gemächlich seinen Garten umgraben, und der sportlich Durchtrainierte kann während des Fastens weiter seinen Hobbys nachgehen – nur sollte er nicht mit Gewalt sein gewohntes Pensum erzwingen wollen. Alles, was keinen schnellen Krafteinsatz erfordert, kann ohne Schwierigkeiten gemeistert werden. Wer ein Konditionstraining absolviert, baut Muskulatur auf, während das Gewicht abnimmt. Wer seine Muskeln beansprucht, wird während des Fastens nur Fett abbauen. Wer beim Fasten hingegen meist im Bett liegt, wird genauso wie ein voll verpflegter Esser, der sich nicht bewegt, an Kraft und Leistungsfähigkeit verlieren.

Machen wir es an unserem vierten Fastentag wie Gott am vierten Schöpfungstag: Setzen wir Lichter in uns, um Tag und Nacht in unserem Innern zu trennen! Finden wir heraus, was gut und was böse ist. Denn unsere Gedanken sind verantwortlich für unser Tun. Von dem, was wir heute denken, hängt ab, wie wir morgen leben.

Übung des Tages:
Anleitung zur Bewegung

Bewegen Sie sich eigentlich genug? Neben Fehlernährung ist Bewegungsmangel heute eine der Hauptursachen für zahlreiche so genannte Zivilisationskankheiten. Bewegung stärkt die Herz- und Kreislauftätigkeit, und damit auch die Atmung. Durch ausreichende Bewegung werden alle Zellen mit Sauerstoff versorgt und Stoffwechselrückstände besser abgebaut. Gehen Sie spazieren, wandern, joggen, schwimmen, tanzen oder arbeiten Sie mit Ihrem Heimtrainer und machen Sie Gymnastik.

Wofür auch immer Sie sich entscheiden: Wichtig ist, dass Sie sich während des Fastens bewegen. Auf jeden Fall sollten Sie in diesen Tagen viel spazieren gehen, denn jetzt ist Bewegung vor allem an der frischen Luft von großer Bedeutung. Wärmen Sie sich vor jeder sportlichen Betätigung auf. Während des Fastens fehlt Ihnen die Energie für kurze Sprints und andere extreme Krafteinsätze. Dafür haben Sie nun aber sehr viel mehr Ausdauer.

Von der Verwandlung durch Fasten

Die Tafel im Refektorium des Klosters Marienau

Wenn Sie in der Oase ankommen und wie Sie den neuen Freiraum spüren

> »DIE FASTENZEITEN SIND TEIL MEINES WESENS. ICH KANN AUF SIE EBENSO WENIG VERZICHTEN WIE AUF MEINE AUGEN. WAS DIE AUGEN FÜR DIE ÄUSSERE WELT, DAS IST DAS FASTEN FÜR DIE INNERE.«
> Mahatma Gandhi

Ist es Ihnen auch schon so ergangen? Sie wachen auf, reiben sich die Augen und wissen: Jetzt habe ich es geschafft. Ein Problem, das Sie lange plagte, hat sich wie von selbst gelöst. Ähnliches erlebte ich heute Morgen. Alles war irgendwie sicherer und klarer als sonst. Als ich meinen Spaziergang machte, spürte ich: Meine Fantasie ist lebendiger, meine Sinne sind schärfer. Ich rieche Kräuter am Wegesrand, sehe die Frühaufsteher unter den Schmetterlingen fliegen und höre den Klang von Kirchenglocken aus weiter Ferne – lauter Dinge, die ich an den Tagen zuvor nicht einmal bemerkt hatte. Und auf dem Weg zurück zu meinem Zimmer musste ich ganz verdutzt sogar vor einem Spiegel stehen bleiben: Ein so frohes Gesicht hat mich daraus schon lange nicht mehr angeschaut.

Hätte ich den Auftrag bekommen, ein Bild über meine Vorstellung vom Fasten zu malen, so wäre daraus vor kurzem noch ein düsteres Gemälde entstanden: in dunklen Farben, mit griesgrämigen Gestalten alles in allem also eine entsagungsvolle, gedrückte Stimmung. Und meine Melodie über das Fasten wäre eine Musik geworden, die sich eher bei Trauerfeiern als zu Hochzeiten hätte spielen lassen. Welch schwere Klänge zu einem leichten und befreiten Leben! Welch dunkle Bilder zu einem hellen Sinn!

Heute habe ich das Gefühl, einem Geheimnis näher gekommen zu sein. Ich glaube, Gott mag Seelen, die wie flauschige Wolken sind. Und vielleicht lässt sich einer seiner Engel ein wenig darauf nieder, schlägt die Füße übereinander und sagt sehr nett: »Na, mein Lieber, wie geht's?« Gut geht's mir heute Morgen! Plötzlich rede ich mit diesem Etwas auf meiner flauschigen Seelenwolke, das so winzig ist wie die Schmetterlingswesen in den Fantasyfilmen und gleichzeitig so groß, dass ich es nie im Ganzen sehen kann.

Es ist ein Gefühl, das mich von den Füßen bis zum Kopf erfasst, ohne Anfang und ohne Ende. Ich bin wie ein Gasballon, den man endlich losgebunden hat, meine Verstrickung in alltägliche Abhängigkeiten, in Kleinkrämerei ist wie weggeblasen. Mir ist, als könnte ich wie Don Camillo in seiner alten italienischen Kirche so selbstverständlich mit Gott sprechen wie man atmet.

Die Sinne sind einfach viel intensiver. Worte, die ich tausendmal gehört habe, ohne mir je etwas dabei zu denken, bekommen plötzlich eine tiefere Bedeutung.

Alles löst sich

»Zuerst wird nur der Mangel gefühlt; dann verschwindet das Verlangen nach Hunger ... Zugleich geht beim Fasten etwas Innerliches vor sich. Der Körper wird gleichsam aufgelockert. Der Geist wird freier. Alles löst sich, wird leichter. Last und Hemmung oder Schwere werden weniger empfunden. Die Grenzen der Wirklichkeit kommen in Bewegung; der Raum des Möglichen wird weiter, der Geist wird fühliger. Das Gewissen wird hellsichtiger, feiner und mächtiger. Das Gefühl für geistige Entscheidung wächst.«

Romano Guardini, deutscher Religionsphilosoph

Gesangbuch in der Klosterbibliothek von Beuron

Endlich in der Oase

Ich höre kein Radio, ich lese keine Zeitung, sehe kein Fernsehen und bin dennoch – oder gerade deshalb – in der »Oase« angekommen. Das Fasten hat Raum in mir geschaffen. Jetzt kann ich einfüllen, neu auftanken, und während die Mönche heute bei ihrem Morgengebet aus Psalm 92 »Herr, du machst mich stark wie ein Stier und salbst mich mit frischem Öl« singen, fühle ich, wie gut dieser Satz nach fünf Tagen Fasten zu mir passt.

Ich fühle mich nicht nur schlanker und gesünder, mein Wohlbefinden insgesamt, meine Kraft und Ausstrahlung, haben zugenommen. Irgendwie hat das Fasten in mir etwas aufblühen lassen. Negative Gedanken sind wie weggeblasen. Nicht von ungefähr betet die Kirche in der Fastenzeit diesen geheimnisvollen Psalm: »Jetzt ist die Zeit der Gnade, jetzt sind die Tage des Heiles. Du hilfst uns, das Böse zu überwinden. Du schenkst uns von Neuem die Reinheit des Herzens. Du gibst deinen Kindern die Kraft, in dieser vergänglichen Welt das unvergängliche Heil zu wirken.«

ENTSAGUNG MINDERT DIE SELBSTSUCHT UND ÖFFNET DAS HERZ.

Und an anderer Stelle heißt es: »Die Entsagung mindert in uns die Selbstsucht und öffnet unser Herz für die Armen. Denn deine Barmherzigkeit drängt uns, das Brot mit ihnen zu teilen. Durch das Fasten des Leibes hältst du die Sünde nieder, erhebst den Geist, gibst uns die Kraft und den Sieg durch unseren Herrn Jesus Christus.« Könnte dem Fasten ein größeres Lob gesprochen werden als in diesen Gottesdiensten? Seltsam eigentlich, dass wir uns so schwer tun mit der Wiederentdeckung der spirituellen Traditionen unseres eigenen Kontinents.

Von Fesseln befreien

»Indem wir unser Leben einer höheren Macht anvertrauen«, erläutert Pater Rhabanus, »begeben wir uns nicht in eine Abhängigkeit, sondern erleichtern uns, machen uns wirklich frei. Zu wissen, dass man nicht alles selbst machen muss und auch gar nicht kann, ist wesentlich gesünder, als selbstherrlich das Gegenteil zu versuchen. Zu diesem Gottvertrauen gehört auch das Flehen – und vielleicht sogar das Seufzen. Das befreit, gibt Zuversicht und Halt.«

»Und manchmal gehört dazu wohl auch, sich mit seinem Gott zu streiten«, erwidere ich, »ihm etwas an den Kopf zu werfen, wenn man so völlig fertig und niedergeschlagen ist.« – »Ja, so wie es Hiob gemacht hat«, pflichtet Rhabanus mir bei. »Auch das kann Gebet sein.«

Der Franziskanerpater Slavko sagt: »Wir brauchen das Fasten, um im Gebet wachsen zu können. Es ist leichter zu beten, wenn man fastet, und man fastet besser, wenn man betet.« Dieser Gedanke steckt im Grunde auch in dem alten Sprichwort »Ein voller Bauch studiert nicht gern«. Die Mönche, deren Lebensrhythmus vom Gebetsleben getragen wird, wandeln das Wort um: »Ein voller Magen betet nicht gern.«

Sie wissen: Die physische, durch das Fasten verursachte Leere bewirkt nicht nur einen regelrechten Hunger nach dem Übernatürlichen, sie hilft auch, die geistige Welt besser wahrnehmen zu können.

Einem Gewinn geht immer ein Verlust oder Verzicht voraus. Oder umgekehrt ausgedrückt: Jedem Leid folgt ein Lohn. In diesen Fastentagen wird mir neu bewusst, dass die Pflichten und Aufgaben, die in meinem Alltag so oft zur Plage werden, nicht ohne Sinn und Nutzen sind. Wer etwas erreichen will, muss etwas dafür einsetzen. Banal. Aber wie oft vergisst man es. Das Fasten hat die besondere Wirkung, diese Dinge wieder in eine richtige Perspektive zu rücken. Fasten bringt uns in kritische Distanz zu dem, was sich uns ständig aufdrängt. Wer fastet, wird nahezu automatisch demütiger, weil er spürt, dass vieles, mit dem er bisher wichtig tat, gar nicht wichtig ist. Wir erkennen leichter, was uns nur einengt und was wir wirklich brauchen.

Häufig liegt der Grund für unsere Unzufriedenheit doch gerade darin, meint Pater Rhabanus, dass wir den Blick für das Wichtige nicht mehr besitzen. Weil wir für das Wichtige blind geworden sind, denken wir, unser Glück und unsere Befriedigung liege darin, immer mehr Dinge zu haben.

Das Fasten ist nur ein Mittel, uns wieder geschmeidiger zu machen, weniger stolz und unbiegsam und hochmütig, sondern demütig zu sein. »Fasten ist ein Weg, um näher an die eigene Wahrheit zu kommen, ein Weg, auf dem wir gut mit uns umgehen müssen, auf dem wir den guten Kern in uns von den Fesseln befreien, die sich um ihn geschlungen haben«, erläutert der Benediktiner Pater Anselm Grün.

DAS FASTEN IST KEIN WÜTEN GEGEN DEN EIGENEN KÖRPER, AUCH KEIN VERZWEIFELTER VERSUCH, DEN GEIST ÜBER DEN LEIB ZU ERHEBEN.

Und in der Tat, so vieles, das bisher aussichtslos und traurig erschien, verwandelt sich im Fasten. »Alles wird wieder wünschenswert«, fasst Roger Schutz, Gründer der Mönchsgemeinschaft von Taizé, seine Fastenerfahrung zusammen. Nicht umsonst meinte im Altertum das Wort »Asket« übertragen nichts anderes als »Lebensweise eines Athleten«. Es ist der athletische Wettkampf des Fastenden, der ihm nicht nur neue psychische Kraft verleiht, sondern ihm dadurch, ähnlich wie Muskeln, neuen Mut antrainiert. Pessimismus löst sich auf, Zuversicht bricht sich Bahn: Es ist zu schaffen, ich bin stark genug! Menschen, die bisher zu verzweifeln drohten, wenn sie in eine schwierige Situation kamen, Jugendliche, die

Schadstoffe für die Seele

»Jede Neugier und alles unstete Umherschweifen des Geistes füttern die Seele mit Schadstoffen. Wenn wir uns dieser Speisen durch ein besonders geheiligtes Fasten enthalten, werden wir mit Nutzen und sogar mühelos das körperliche Fasten beobachten können. Denn nicht so sehr das verwesliche Fleisch als vielmehr ein reines Herz wird zur Wohnung Gottes und zum Tempel des Heiligen Geistes.«

Johannes Cassian, Mönch aus dem 5. Jahrhundert

nach einer nicht bestandenen Prüfung früher in Depressionen verfielen oder mit Drogen hantierten, weil sie keine psychische Energie mehr hatten, bekommen durch das Fasten neue Kraft.

Allmählich fällt es mir auch leichter, eine der wichtigsten Übungen der Mönche anders wahrzunehmen: ihre Lesungen und Stundengebete. Zunächst waren mir die täglichen Psalmgebete irgendwie fremd. Schon das ständige Umblättern und Suchen der verschiedenen Psalmen in dem dicken schwarzen Buch, das ich in die Hand gedrückt bekam, bereitete mir Schwierigkeiten. Sprache und Inhalt der Psalmen, also der Lieder Davids aus den Büchern des Alten

Testaments, die die Landschaft und das Leben in Palästina vor 3000 Jahren zur Grundlage haben, erschienen mir antiquiert und sogar fragwürdig.

Doch mit zunehmendem Lesen und Fasten werden mir die existenziellen Fragen deutlich, die darin stellvertretend für alle Menschen aller Zeiten gestellt sind. Wir sind zu sehr an die Dinge dieser Welt gefesselt, heißt es in den alten Texten. Wir klammern uns an das Vergängliche, werden unbeweglich. Immer wieder neu müssen sich die Menschen offenbar daran erinnern, dass ihr irdisches Leben nur ein Windhauch ist. Und auch in dieser Hinsicht hilft Fasten: im übertragenen Sinne einmal wieder zum Pilger zu werden. Das heißt nicht, dass wir nun unbedingt alles weggeben müssten, was wir haben – aber wir sollten uns häufiger bewusst machen, dass uns alles nur geliehen ist.

Leben und leben lassen

Fasten motiviert zum Weitergehen, es stärkt unsere innere Hoffnung, richtet unsere Gedanken nach vorn. Im Fasten gewinnen wir die Erwartung auf Kommendes zurück, es macht uns empfänglicher für Neues. »Wenn wir Fasten als Loslassen betrachten, dann

Schwestern im Gespräch, Kloster Kellenried

werden wir auch erfahren, dass unser Leben insgesamt auf das Loslassen hinausläuft«, erläutert Pater Rhabanus. »Denn irgendwann werden wir ja, ob wir es nun wollen oder nicht, unser Leben zurückgeben müssen.«

Zwar konfrontieren uns die Medien täglich mit dem gewaltsamen Sterben durch Kriege und Unglücksfälle, und wir erleben hautnah mit, wie Menschen aus unserem engsten Lebenskreis diese Welt verlassen müssen – und doch tun wir so, als würde es uns nicht wirklich betreffen. In einer Gesellschaft voller Lust auf Erfüllung wird der eigene Tod tabuisiert wie kaum je zuvor in der Geschichte – geschweige denn, dass jemand lernen wollte, sich gut auf den Tod vorzubereiten, eine Übung, die einmal als *ars morendi*, die Kunst des Sterbens, einen hohen Stellenwert in der Gesellschaft einnahm.

Der Gedanke klingt zunächst fremd, aber Fasten meint auch eine Beschäftigung mit dem Tod. Wenn es ans Sterben geht, müssen wir alles »hinwerfen«, was wir vollbracht und wofür wir gelebt haben, und müssen lernen, genau wie als Fastende, alles »fallen zu lassen«. So gesehen ist Fasten ein Einüben in dieses letzte, endgültige Hergeben. Immerhin lernen wir, dass der Verlust von Dingen, die uns wichtig waren, uns nicht unbedingt zu Verlierern macht. Jedes Nein (zum Essen, zum Habenmüssen) geht auf im großen Ja des wirklichen Lebens. Ordensvater Benedikt war nicht müde geworden mit seiner Mahnung, »den unberechenbaren Tod täglich vor Augen zu haben«. Denn auch unser Tod muss so nicht mehr als Scheitern oder endgültige Niederlage im Lebenskampf gesehen werden. »Wir Mönche wissen«, meint Pater Rhabanus fast lapidar, »dass wir ganz einfach in Gottes Hand fallen.«

Sinn, der
uns verloren ging

Das Fasten hat mich wacher gemacht, den Reichtum, der mich umgibt, wahrzunehmen. Ich beginne den Sinn des Lebens neu, intensiver zu erfassen. Sinn ist eine immer knapper werdende Ressource unserer Epoche, weil uns das Gespür für das Heilige, das ganz Andere, das erschütternd Geheimnisvolle ganz allmählich verloren gegangen ist.

»FASTEN ERMÖGLICHT UNS, EINEN NEUEN LEBENSPLAN ZU ENTWICKELN.«

Immer häufiger begegnen wir dem Religiös-Mystischen nur noch in abergläubischen Praktiken. Man verlässt sich vage auf irrationale Mächte, auf eigene göttliche Energien. Das Fasten führt darüber hinaus. Fasten ist wie ein Durchgang durchs Leben. Das Loslassen des Gewöhnlichen macht uns Hoffnung auf Zukünftiges. Wir erwarten das Gute, daher werden wir optimistisch, daher erwächst uns neue Kraft. Fasten ermöglicht uns, einen neuen Lebensplan zu entwickeln und uns selbst eine Zukunft zu geben. »Nimm mich auf, o Herr, nach deinem Wort«, singen die Mönche bei der Profess, »und ich werde leben, lass mich in meiner Hoffnung nicht scheitern.«

Übung des Tages:
Anleitung zum Stillwerden

1. Ruhe
Verschaffen Sie sich Ruhe, das Gegenteil von Unruhe und Hektik,
die Sie aus Ihrem Berufs- und Alltagsleben mitbringen.
Unsere Großeltern legten sich dazu gern in einen Schaukelstuhl.

2. Stille
Während Ruhe für das Beenden von Bewegung steht, meint Stille
Lautlosigkeit. Vor dem Fasten gab es noch jede Menge Lärm um Sie
herum, doch jetzt ist es viel stiller geworden, weil Sie das Radio
und den Fernseher ausgeschaltet lassen.

Ganz augenscheinlich ist unsere Zeit von einer
eigenartigen Erschöpfung befallen, der Erschöpfung
der Hoffnung, der stärksten aller Kräfte und vielleicht
der einzigen wirklichen Lebenskraft. Am fünften
Schöpfungstag sprach Gott: »Es wimmle das Wasser
von lebendigem Getier und Vögel sollen fliegen auf
Erden.« Und Gott segnete sie und sprach: »Seid
fruchtbar und mehret euch.« Es ist so viel Zukunft, so
viel Segen in unser Leben gelegt. Es ist dem Menschen so viel Gutes bereitet, wir brauchen es nur ehr-
fürchtig zu erfassen.

3. Schweigen

Stille gewinnen Sie auch aus dem Schweigen. Legen Sie sich hin, schließen Sie die Augen und entspannen Sie den ganzen Körper. Dazu hilft das gleichmäßige, gesunde Atmen. Schon zehn Minuten in dieser Übung haben eine ungeheure Wirkung.

4. Aufräumen

Es kann geschehen, dass sich jetzt lautstark Stimmen von innen melden, die durch den äußeren Lärm bisher unterdrückt wurden. Lassen Sie alles herauskommen und schreiben Sie es in Ihrem Fastentagebuch auf. Das kommt einem seelischen Aufräumen gleich. Nach wenigen Tagen wird sich der innere Friede einstellen, die Kontemplation, wie die Mönche sagen.

Von der Vielfalt des Fastens

Kirchengewölbe im Kloster Poblet, Spanien

Wie Sie lernen, auch mit Augen, Ohren, Mund und Händen zu fasten

>»AM FREIESTEN WIRD DER SEIN, DER AM WENIGSTEN BEDÜRF-NISSE HAT.«
>Hans Thoma

Ein Meister, der nach dem Geheimnis der Erleuchtung gefragt wurde, antwortete: »Wenn ich liege, dann liege ich, und wenn ich sitze, dann sitze ich, wenn ich stehe, dann stehe ich, und wenn ich gehe, dann gehe ich.« – »Das kann nicht sein«, entgegnete sein Schüler, »denn das tue ich ja auch.« – »Ganz und gar nicht«, antwortete der Meister, »wenn du liegst, sitzt du schon, wenn du sitzt, dann stehst du schon, und wenn du stehst, gehst du schon in Gedanken.«

Dieser »meisterliche« Rat ist auf vieles übertragbar. Natürlich gehört auch Fasten zu den Dingen, die man ganz tut oder gar nicht. Die spanische Mystikerin und Nonne Teresa von Avila, die erste Frau, die die katholische Kirche zur Kirchenlehrerin erhob, hat es so formuliert: »Wenn Rebhuhn dann Rebhuhn, wenn Fasttag dann Fasttag!«

Man könnte das Herz der Menschen mit einer großen Wohnung vergleichen. Darin gibt es verschiedene Bewohner – zum einen die weniger beliebten wie Herr Ärger, Frau Einsamkeit oder Frau Angst. Und zum anderen die, die wir mehr mögen: Frau Geduld, Frau Freude oder Herr Vertrauen. Doch oft sind die Türen gerade zu diesen netten Herrschaften versperrt. Auch mit dem Fasten geht es so. Die ersten Tage waren ein längst nötiges Aufräumen. Ich trennte mich von vielem, das mir den Zugang zu meinen inneren Wohnungen versperrte. Das ging nicht ohne Anstrengung vonstatten. Ich fand dabei allerdings die Schlüssel zu den Zimmern wieder, die mir zuvor versperrt waren.

Wie sagte der sympathische Papst Johannes XXIII.: »Nur für heute werde ich mich bemühen, den Tag zu erleben, ohne das Problem meines Leben auf einmal lösen zu wollen. Nur für heute werde ich etwas tun, wozu ich eigentlich keine Lust habe. Nur für heute werde ich mich vor zwei Übeln hüten: vor der Hetze und der Unentschlossenheit. Nur für heute werde ich glauben – selbst, wenn die Umstände das Gegenteil zeigen sollten –, dass Gott für mich da ist.«

Ich kann mich auf diesen Versuch einlassen, denn ich fühle mich leicht. Ich freue mich, weil ich merke, dass mein Körper unabhängiger geworden ist, zumindest vom Essen, und dass mein Geist sich belebt. Das Herz muss nicht mehr alles Blut in den Bauchraum pumpen, um die Verdauungsarbeit zu unterstützen.

»I can't get no satisfaction«

Pater Rhabanus hat mich heute Morgen an einen Gebetspsalm erinnert, in dem es heißt: »Gott nahe zu sein ist mein Glück.« Die Frage nach dem eigenen Glück stellt sich jeder Mensch. Aber was ist mein Glück? Wo suche ich es? Vor meinen Augen ziehen die marktschreierischen Reklamen vorbei, die uns unentwegt einreden, was uns glücklich machen soll: die leckersten Gourmettempel, die teuersten Kleider und Autos, die besten Spiele, traumhafte Urlaube, entspannende Medikamente …

Natürlich ist Konsumieren schön. Aber entsteht dadurch allein schon so etwas wie Glück und Zufriedenheit? Manchmal schon, ehrlich gesagt. Aber wie lange hält das wirklich an? »I can't get no satisfaction« – ist nicht gerade deshalb der Song der Rolling Stones

Die Geschichte vom Wein und vom Dolch

Ein alter Wüstenmönch, so wird in einem Text aus dem 5. Jahrhundert berichtet, begegnet einem Räuber. Der Wüstenmönch hat sein ganzes Leben lang streng asketisch gelebt und gefastet. Der Räuber steht vor ihm. Er sagt kein einziges Wort, hält nur einen Becher Wein in der einen Hand und in der anderen einen Dolch. Der Mönch trinkt den Becher Wein. Daraufhin fällt der Räuber zu Boden und wird Mönch. Die Geschichte will uns sagen: Der alte Mönch hatte die Wahl, den Räuber, der ihn ermorden wollte, schuldig werden zu lassen oder selbst schuldig zu werden. Der Wüstenvater nahm selbst »Schuld« auf sich und trank den Wein – undenkbar für einen Wüstenasketen. Am Handeln des Mönches erkennt der Räuber dessen Größe und innere Freiheit, die ihn nicht zum Opfer der eigenen Entsagung macht, und wird bekehrt.

In einer anderen Geschichte besuchten zwei Brüder einen alten Mann, der nicht jeden Tag zu essen pflegte. Als er die Brüder sah, hieß er sie mit Freuden willkommen und sagte: »Das Fasten hat seinen eigenen Lohn, aber wenn du um der Liebe willen isst, erfüllst du zwei Gebote, denn du gibst deinen Eigenwillen auf und erfüllst noch dazu das Gebot, andere zu bewirten.«

nachgerade zur Hymne einer verwöhnten Gesellschaft geworden, weil sie es so schwer hat, das Glück zu finden? Umso erstaunlicher, dass sich nun ausgerechnet mit der Abwesenheit von Überfluss, dem freiwilligen und bewussten Fasten, nicht nur eine größere Ausgeruhtheit, sondern tatsächlich auch eine zunehmende Zufriedenheit einstellt. Es ist wie ein Umschalten vom Haben zum Sein. Nichts von all dem, was mich sonst täglich berieselt und gefangen nimmt, bringt mich nun aus meiner wunderbaren Ruhe. Und die Ruhe selbst, von der ich früher manchmal floh, kann ich nun genießen. Es ist ein beeindruckendes Gefühl, durch Verzicht ein Stück Freiheit zurückzugewinnen.

»Darf's auch etwas weniger sein?«

Während wir auf die Frage im Metzgerladen »Darf's auch etwas mehr sein?« gerne nicken, weil »man sich ja sonst nichts gönnt«, dreht die Kirche in der Zeit vor Ostern den Spieß für vierzig Tage einfach um: »Darf's auch etwas weniger sein?« Und immer haben wortgewaltige Prediger, oft Mönche aus den Klöstern, in dieser Art Trainingsprogramm gegen die gewöhnliche Haben-Sucht mit ihren berühmten »Fastenpredigten«

die Menschen dazu aufzurütteln versucht, einmal innezuhalten und sich zu vergewissern, wo der Zeiger eigentlich steht – und zwar nicht nur auf der Waage. Mönchsvater Benedikt hat der Fastenzeit in seiner Regel ein eigenes Kapitel gewidmet. Darin stellt er hohe Anforderungen. So sollen sich die Mönche in der Fastenzeit

- vor »Fehlern hüten«,
- auf »Geschwätz und Albernheiten« verzichten,
- sich besonders dem Gebet hingeben,
- und »in aller Lauterkeit« auf ihr Leben achten.

Inzwischen hat uns ein verstärktes Gesundheitsbewusstsein hat uns sensibilisiert für Lebensmittel, die mit Umweltgiften belastet sind. Aber auch die geistige Nahrung kann entweder gesund oder vergiftet sein. Pater Rhabanus, der ganz und gar nichts Prüdes an sich hat und mit den Frauen, die im Gästehaus wohnen, einen unbefangenen und herzlichen Umgang pflegt, mahnt, es gebe auch so etwas wie eine »Hygiene der Seele«.

Die Überschwemmung unserer Gesellschaft mit Pornographie und Gewalt stellt keine geringe Gefahr für unsere Persönlichkeit dar. So wie Umweltgifte über die Nahrung in unseren Körper eindringen, so sind Auge und Ohr Eingangstüren für die Belastung mit

Weinkeller in der Abtei St. Hildegard

Bildern von Gewalt und Sex. Die Publizistin Gabriele
Kuby beklagt, dass man zwar für das Reinheitsgebot
des bayerischen Biers auf die Barrikaden gehe, aber
es kaum jemand für nötig halte, auf die Gesundheit und
Reinheit der geistigen Nahrung zu achten. Mein Lehrmeister im Kloster rät auch da zum Fasten. Es liegt in
unserer eigenen Verantwortung, was wir lesen, hören
oder anschauen. Wir können mit den Augen fasten:

weniger fernsehen, Kino, lesen. Wir können mit den Ohren fasten: weniger Verkehrslärm, Radio, Musik, Veranstaltungen. Ein Verzicht, der heilsam wirkt.

Dass uns eine Fastenwoche auch über unser gewöhnliches Besitzstreben meditieren lässt, liegt auf der Hand. Aber warum, könnte man fragen, hat Benedikt in seiner Regel so viel Wert darauf gelegt, dass das Besitzen gar nicht erst zum Identitätsgefühl seiner Mönche werden kann? »Keiner habe etwas als Eigentum, überhaupt nichts«, so bestimmte er. »Alles sei allen gemeinsam, wie es in der Schrift heißt, damit keiner etwas als sein Eigentum bezeichnen oder beanspruchen kann.« In seinem 33. Regelkapitel nennt der Ordensgründer den Eigenbesitz gar ein »Laster«, »das mit der Wurzel aus dem Kloster ausgerottet werden« müsse.

Auch Franz von Assisi, um 1182 geboren, Begründer des Franziskanerordens, liebte die Armut. In der Radikalität seiner gelebten Armut wird deutlich, warum geistliche Titanen wie er und Benedikt sich so kompromisslos auf die Seite des Verzichts schlagen. Einmal ging sogar der Bischof von Assisi mit Franziskus ins Gericht: »Euer Leben erscheint mir hart: Nichts Irdisches zu besitzen ist schwer.« Franziskus antwortete: »Wollten wir etwas besitzen, so müssten wir auch Waffen zu unserer Verteidigung haben.

Fasten nach der Benediktregel

Das Kapitel 49 der im Jahre 529 vom heiligen Benedikt von Nursia niedergeschriebenen Regel ist eine Zusammenfassung der Fastenlehre des abendländischen Mönchvaters:

- Der Mönch soll zwar immer ein Leben führen wie in der Fastenzeit;
- dazu aber haben nur wenige die Kraft. Deshalb raten wir, dass wir wenigstens in diesen Tagen der Fastenzeit in aller Lauterkeit auf unser Leben achten
- und gemeinsam in diesen heiligen Tagen die früheren Nachlässigkeiten tilgen.
- Das geschieht dann in rechter Weise, wenn wir uns vor allen Fehlern hüten und uns um das Gebet unter Tränen, um die Lesung, die Reue des Herzens und um Verzicht bemühen.
- Gehen wir also in diesen Tagen über die gewohnte Pflicht unseres Dienstes hinaus durch besonderes Gebet und durch Verzicht beim Essen und Trinken.
- So möge jeder über das ihm zugewiesene Maß hinaus aus eigenem Willen in der Freude des Heiligen Geistes Gott etwas darbringen;
- er entziehe seinem Leib etwas an Speise, Trank und Schlaf und verzichte auf Geschwätz und Albernheiten.
- Mit geistlicher Sehnsucht und Freude erwarte er das heilige Osterfest.
- Was aber der Einzelne als Opfer bringen will, unterbreite er seinem Abt. Es geschehe mit seinem Gebet und seiner Einwilligung;
- denn was ohne Erlaubnis des geistlichen Vaters geschieht, wird einmal als Anmaßung und eitle Ehrsucht gelten und nicht belohnt.
- Also werde alles mit Einwilligung des Abtes getan.

Daher kommen ja die Streitereien und Kämpfe, die die Liebe zu Gott und zum Mitmenschen hindern. Darum wollen wir in dieser Welt nichts Irdisches besitzen.« Am allermeisten jedoch verachtete Franziskus das Geld: »Hüten wir uns, nachdem wir alles verlassen haben, nicht wegen etwas so Nichtswertigem das Himmelreich zu verlieren. Sollten wir irgendwo Geld finden, wollen wir uns darum nicht mehr kümmern als um den Staub, den wir mit Füßen treten.«

Das Refektorium im Kloster Beuron

Ex und hopp

Wer das Lob des Fastens anstimmen will, weiß kaum, wo er anfangen und wo er aufhören soll. Greifen wir einiges heraus: Fasten ist ein gutes Mittel gegen Habsucht. »Wir graben uns selbst ein mit unserer Gier«, hatte der sonst so ruhige und besonnene Pater Rhabanus bei einem unserer Gespräche erregt ausgerufen. Geld anhäufen. Gelesene Bücher anhäufen. Ehren anhäufen. Reisen anhäufen. Sogar Leiden anhäufen: Wie viel habe ich gelitten, wie viel habe ich ertragen. Wer mehr angehäuft hat, gilt als der Bessere, der Berühmtere, der Gebildetere, der Beliebtere. Ist es nicht so? Und statt uns darüber zu verwundern, staunen wir über jene, die noch kritisch Fragen stellen, ob unser Verhalten denn so klug und sinnvoll sei. Bestimmen nicht vielfach auch Besitz- und Nutzendenken unser Verhältnis zu anderen Menschen?

IM FASTEN, SO LERNEN WIR AUS DEM SCHATZ MÖNCHISCHER WEISHEIT, KÖNNEN WIR EINÜBEN, UNS AUS DEN FÄNGEN DES GEWÖHNLICHEN ZU BEFREIEN.

»Bekannte und Freunde halten wir uns oftmals nur so lange, wie sie uns nützlich sind«, so der Schweizer Soziologe Professor Reinhard Fatke. »Kinder lieben wir manchmal nur so lange, wie sie niedlich sind und unsere emotionalen Bedürfnisse befriedigen – und dann werfen wir sie psychisch weg, was bei den Kindern zu emotionaler Verwahrlosung, Verhaltensauffälligkeit, Depression, Suizid führen kann. Partner und Partnerinnen in Liebe und Ehe erhalten mitunter den Charakter einer Ware, die, nachdem sie gebraucht ist, ebenfalls abgelegt oder weggeworfen wird.«

Das asketische Leben vermittelt, dass wahre menschliche Größe in den Bereichen jenseits egoistischer Bestrebungen und Triebe liegt. Im Fasten haben wir die Chance, uns einmal an nichts mehr klammern zu müssen. Die Mönche meinen, man rühre damit an das »Herz Gottes«.

Und wenn man ein wenig weiter in die Höhe kommt, in die Gefilde des christlichen Mystikers, der zuletzt völlig leer wird und auf das Nichts stößt, das *nada* der Teresa von Avila, dann verliert sich dieser Fastende dabei gerade nicht in der Sinnlosigkeit, nicht in der Bodenlosigkeit des Nihilisten, sondern seine Leere ist die absolute Fülle. »Dios solo basta«, Gott allein genügt, so hat die spanische Ordensgründerin die höchste Stufe ihrer Erkenntnis zusammengefasst. Aber das ist eine andere Geschichte.

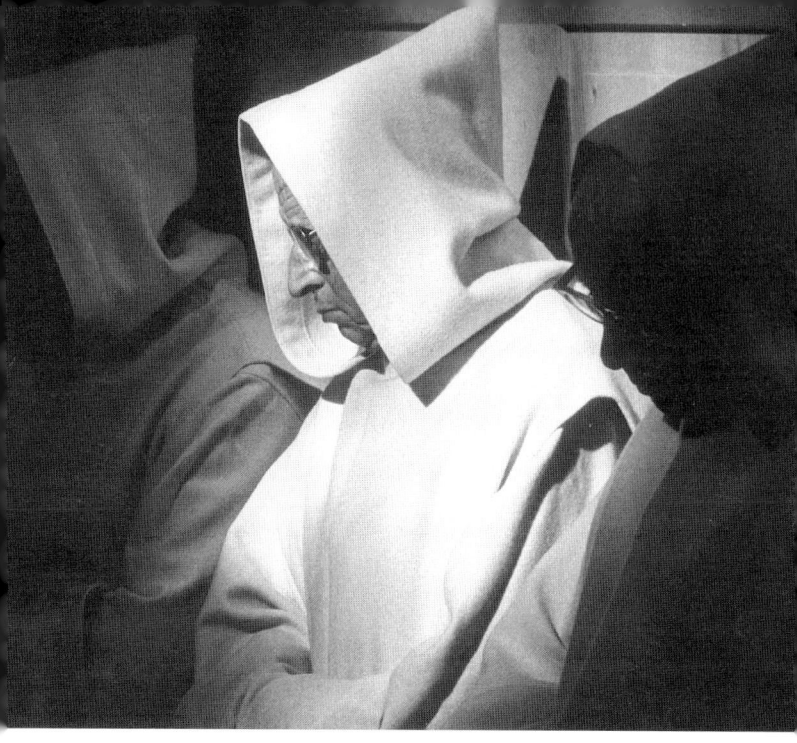

Kartäusermönch im Verweilen in der Stille

Fasten macht dankbar

Man sollte es nicht überbewerten, aber Fasten führt logischerweise auch zur Dankbarkeit. Wer fastet, entdeckt, dass er von einem Kapital lebt, das er nicht selbst geschaffen hat. Er erkennt, dass das Leben geschenkt ist. Es ist dies ein Geschenk, das wir annehmen, an das wir uns aber nicht klammern sollen.»Was ist freier als ein Herz, das auf Erden nichts mehr verlangt?«, fragt der Augustinerchorherr Thomas von Kempis in seiner *Nachfolge Christi*, einer Anleitung für das geistliche Leben, das er eigens für die Männer und Frauen im Kloster schrieb. Wer im Fasten nicht mehr nur auf sich selbst ausgerichtet ist, erlebt eine innere Stimmigkeit, die ihn glücklich macht. Er hat keine Angst mehr um tausend unwichtige Dinge. Dafür fallen ihm Sinngeheimnisse in den Schoß, um die sich Neunmalkluge oft ein Leben lang vergeblich bemühen.

Und: Je richtiger man fastet, desto sorgloser, kindlicher und sicherer wird man. Die fastenden Mönche im frühchristlichen Ägypten trugen eigens eine Art Kapuze, die damals sonst nur Kinder trugen. Sie wollten damit ausdrücken, dass es ihnen um jenes Kindsein geht, des Jesus als die Ursprünglichkeit des Menschen lobte – ein Kindsein, das wir heute selbst unseren Kindern rauben, wenn wir ihre Spielzimmer überschütten und sie ersticken lassen an dem, was die Unterhaltungs- und Konsumindustrie massenhaft produziert.

Umkehr von sich selbst

Während wir durch den von Rosenduft überströmenden Kreuzgang gehen, unterstreicht Pater Rhabanus noch einmal, dass auch Benedikt in seiner Regel die Mönche auffordert, in der Fastenzeit nicht nur in Bezug auf das Essen, sondern auch auf andere Dinge Verzicht zu üben.

Er selbst betrachtet immer dann, wenn der Gürtel seines Ordenskleides zu spannen beginnt, dies auch als ein Signalzeichen für seine geistliche Verfassung. »Woher bekomme ich mein Selbstwertgefühl? Bekomme ich es aus meiner beruflichen Arbeit? Muss

Es faste das Auge

»Es faste das Auge, indem es sich der neugierigen Blicke enthält; es faste das Ohr, indem es nicht auf Geschwätz und Gerede hört; es faste die Zunge, indem sie sich von Verleumdung, Murren und unnützen Worten zurückhält und das Schweigen schätzt; es faste die Hand, indem sie unnütze Dinge sein lässt; am meisten aber enthalte sich die Seele selbst aller Fehler.«

Bernhard von Clairvaux, bedeutendster Mönch des 12. Jahrhunderts

Käseproduktion des Klosters Chamberaud, Frankreich

ich viel leisten, um leben zu dürfen? Sollte ich vielleicht im Arbeiten etwas fasten, um mehr Zeit für meine Mitmenschen, für mich und Gott zu haben?« – das
seien zum Beispiel die Fragen, über die der Pater in
der Zeit seiner Enthaltung meditiere.

Es ist ein alter klösterlicher Brauch, dass die Mönche am Aschermittwoch ihrem Abt einen Zettel mit ihren persönlichen Vorsätzen für die Fastenzeit, die so genannte *Schedula* übergeben. Es muss nicht unbedingt ein Verzicht von Speise und Trank darauf stehen. Auch bei den Mönchen zeigt sich auf ihrer *Schedula* die Vielfalt des Fastens. Oft nehmen sie sich zusätzliche Gebete, eine besondere geistliche Lektüre oder den Verzicht auf Dinge vor, bei denen sie das Gefühl haben, dass sie sie abhängig machen. Der Abt überprüft diese Vorsätze auf die persönlichen Bedürfnisse und Erfordernisse seiner Mitbrüder hin, korrigiert sie und gibt sie dem Mönch zur Selbstkontrolle zurück. Bei übermäßiger Härte wird er wohl in den Vorsätzen einiges abmildern, einem allzu laxen Fastenbruder dürfte er sicherlich ein wenig auf die Sprünge helfen.

Selbstverständlich verzichten auch die Äbte selbst. Odilo Lechner, Vorsteher des Klosters Sankt Bonifaz in München, verzichtet in der Fastenzeit zum Beispiel

Übung des Tages:
Anleitung zur Betrachtung

Nehmen Sie sich ein Bild vor, das für Sie persönlich eine positive und ansprechende Wirkung hat. Betrachten Sie dieses Bild zehn bis 15 Minuten lang, während Sie ganz entspannt auf einem Stuhl sitzen. Lassen Sie im Hintergrund dazu leise meditative oder klassische Musik laufen. Sie sollen das Bild nicht erklären, sondern nur betrachten.

Sie können diese Übung öfter wiederholen. Bald werden Sie die heilende Wirkung dieser Betrachtung spüren. Dieselbe Übung können Sie auch mit einem kleinen Gedicht oder Gebet machen. Sprechen Sie den Text zehn oder 15 Minuten lang halb laut vor sich hin. Sie werden dadurch still und spüren eine heilsame Kraft.

auf Alkohol und Süßigkeiten. Besonders wichtig ist ihm darüber hinaus: »Ich werde weniger fernsehen und weniger Zeitung lesen. Da bin ich gefährdet und neige zum Übermaß. Und ich muss gestehen, dass ich froh bin, wenn die Fastenzeit kommt: Ich lebe vernünftiger und habe für wichtige Dinge mehr Zeit. Das heißt aber nicht, dass ich mich nicht mehr freue, wenn ich ab Ostern wieder meine Lieblingssendungen anschauen kann.«

Am Ende unseres sechsten Fastentages: Wie die Farbenpracht des Regenbogens am Himmel, so vielfältig
und bunt lässt Gott es unten auf der Erde wimmeln, an
Vieh, Gewürm und Tieren des Feldes, ein jedes nach
seiner Art. Und am sechsten Tag setzt er seiner Schöpfung die »Krone« auf, erschafft er den Menschen,
nach seinem Abbild, als Mann und Frau. Er gibt ihm
alles und lädt ihm zugleich die Bürde der Freiheit auf,
die Erde zu gebrauchen, aber nicht zu verbrauchen:
die Schöpfung als Geschenk anzunehmen, ihr aber
nicht in Gier zu verfallen und sie dabei zu zerstören,
sondern sie wie ein Fastender zu schonen.

Vom Ziel des Fastens

Servierende Brigittinnen-Schwester im Kloster Altomünster

Wie Sie am Ende erfahren, dass Sie das, was Sie sein wollen, auch sein können – und obendrein genussvoller essen werden

Am frühen Morgen des letzten Tages ihrer Fastenkur haben viele Teilnehmer eines Kurses bei Pater Rhabanus eine Vision: Alles Gift aus ihrem Körper scheint wie weggeschwemmt, und sie erleben die tiefe Befriedigung, von ihren guten Vorsätzen nicht nur geträumt, sondern sie auch wahr gemacht zu haben: Ja, ich kann mein Leben ändern. Ich kann nicht nur mein Essen umstellen,

»FASTEN MACHT FROH! WIE EIN VORAUSGEHENDER HUNGER DAS MAHL WOHLSCHMECKEND MACHT, SO WÜRZT AUCH DAS FASTEN DEN GENUSS DES LEBENS UND DER SPEISE, BESONDERS WENN MAN WIEDER ESSEN UND TANZEN DARF!«
Basilius der Große

ich kann mir sogar eine ganz neue Richtung geben. Während die feuchtfröhlichen Silvestervorsätze meist schon in den ersten Wochen des neuen Jahres weggespült werden, bleiben bei Wasser und Tee getroffene Fastenvorsätze zwar nicht auf Dauer, aber für eine lange Zeit bestehen.

Ich brauche mir nicht mehr einzureden, was ich womöglich alles schaffen könnte, sondern ich kann konkrete Ergebnisse vorweisen: dass ich sieben Tage ohne Nahrung leben kann, dass ich verzichten gelernt habe. Jawohl, ich habe die Kraft, Vorsätze auch umzusetzen. Ich habe die unbezahlbare Erfahrung gemacht, dass ich mich zurücknehmen, für eine Woche Verzicht üben kann. In Freiheit. Für mehr Freiheit. Und ich habe die Zuversicht, dass meine Vorsätze lange anhalten, dass ich wirklich in den sieben Tagen eine Art Neuschöpfung in mir bewirken konnte. Es war nicht umsonst. Ich nehme etwas mit für den Rest meines Lebens. Mein Verstand sagt mir zwar, dass ich irgendwann auch wieder in alte Gewohnheiten zurückfallen werde – doch ich kann aufs Neue das Fasten, dieses Abenteuer, jederzeit wieder wagen, um dann abermals Erleichterung und Heilung zu erfahren.

Weder die Kirchenväter noch der Mönchsvater Benedikt machten sich Illusionen über die Schwächen ihrer Mitbrüder, die Rückfälligkeit des Menschen schlechthin. Schon der Kreislauf der liturgischen Zeiten ist auf ein stetes Werden und Vergehen abgestellt und mit jedem Frühjahr kommt ja immer auch eine neue Fastenzeit mit der Gelegenheit zum Neuanfang.

Dass der Mensch nicht vollkommen ist, gar nicht perfekt sein kann, auch wenn wir uns das manchmal anmaßen, können wir jeden Tag aufs Neue erfahren. Nach christlicher Überlieferung ist das Himmelreich, die Rückgewinnung des Paradieses, zwar jedem Menschen versprochen: Ja, es ist uns regelrecht ein- oder angeboren. Aber unverkennbar ist diese Welt zunächst mit einer Störung belastet. Die Bibel gibt uns hierfür das Bild der Erbsünde, jener Ursünde, die uns in der Geschichte von Adam und Eva überliefert ist.

Diese »Sünde« – und so auch, wie alle Sünden, die Esssünde – besteht im Grunde in nichts anderem als im Weghören von der Wahrheit und im Hinhören auf die Stimme des Versuchers, des »Vaters der Lüge« (1 Johannes 3, 8). Wir alle tragen, auch als notwendiges Tribut der Freiheit, sozusagen eine kleine seelische Behinderung in uns. Diese innere Schwachheit können wir eben nicht allein durch eigene Kraft dauerhaft überwinden.

Das rechte Maß als Lebensordnung

Es hilft uns bekanntlich wenig, wenn wir zwar wissen, was wir falsch machen, welche psychologischen oder umweltbedingten Ursachen unsere schädliche Lebensweise hat, uns aber die Kraft und die Konsequenz fehlt, aus Fehlern zu lernen und den Weg der Besse-

rung einzuschlagen. Die praktische Umsetzung erfordert Geduld und Willenskraft und ist mit Rückschlägen verbunden. Gerade weil sie so schwierig ist, bleiben wir oft bei der bloßen Erkenntnis stehen. In den sieben Tagen meines Fastens nun habe ich mir bewiesen, dass ich meine Trägheit überwinden kann. Ich habe in dieser Fastenzeit gelernt, genauer auf meine Lebensweise zu achten, und ich habe mir vorgenommen, vor allem beim Essen auf das rechte Maß zu achten. Ich will bewusster essen und mich fragen:

- Was esse ich?
- Wie viel esse ich?
- Warum esse ich dies und jenes?
- Belohne oder tröste ich mich mit Essen?

Pater Rhabanus erklärt es seinen Kursteilnehmern so: Unser guter Vorsatz für »die Zeit danach« bedeutet nicht, dass wir uns ab heute nichts mehr gönnen. Fasten und Feiern gehören zusammen. »Es wäre schrecklich, wenn aus dem Faster ein Weltverächter würde, der nicht

Im Biergarten des Klosters Andechs

in der Lage ist, das Gute zu genießen«, warnt der Fastenmeister. »Die Frage ist nur: Wie frei bin ich – und wie gut ist das Gute, das ich mir gönne, wirklich?«

»Das Fasten hat mich geradezu genießen gelehrt«, berichtet der Pater aus seinen persönlichen Erfahrungen. »Ich esse nach dem Fasten weniger, weil ich durch mein Fasten erfuhr, dass der Körper eigentlich gar nicht so viel Nahrung bräuchte, wie ich immer zu mir nahm. Dafür esse ich allerdings jetzt wesentlich genussvoller.« Der wahre Genuss beim Essen sollte sich nicht darin erschöpfen, möglichst schnell ein Völlegefühl zu erreichen.

Bewahren wir uns nach der Fastenkur für »die Zeit danach« folgende Grundsätze:

- Es kommt nicht nur darauf an, was wir essen, sondern auch, wie wir essen.
- In rechter Weise zu essen ist zelebrierte Dankbarkeit.
- Stellen wir uns bewusst ein auf die Speise und essen wir sie langsam und jeden Bissen auskostend. Wer so isst, meditiert.
- Erleben wir das Essen mit allen Sinnen.

- Wir sollten nicht zur Ablenkung oder als Ersatzbefriedigung essen.
- Geben wir endgültig den Kampf mit den Kalorientabellen auf und beugen wir uns nicht mehr der Diktatur von Reduktionsdiäten.
- Wir dürfen die Freude am Essen nicht verlieren.

Feste Regel: Jedes Jahr Fasten

Und noch etwas habe ich mir fest vorgenommen: Ich will künftig zweimal im Jahr eine Woche fasten. Das werde ich mir vor Weihnachten und Ostern zur festen Regel machen. Es ist gut, eine solche Regel zu haben. Dadurch kann ich immer wieder körperliche Reinigung, seelische Klärung und geistige Vertiefung erfahren, mein Inneres und Äußeres korrigieren und mich zurück »in die Spur« bringen.

Brigitte Fabian, Heilpraktikerin aus München mit langjähriger Erfahrung in Fastenkuren, hält eine Fastenzeit im Frühjahr und im Herbst für ideal. Dadurch werde »die Gesundheit stabil und die Kondition und innere Zufriedenheit sowie Freiheit wachsen«. Auf diese Weise, so Fabian, erhalte man »Kraft und neues Selbstbewusstsein. Sie entwickeln Charisma und bekommen leuchtende, strahlende Augen. Nicht zuletzt macht Fasten wirklich schöner und hält jung und fit.« Und Dr. Hellmut Lützner schreibt in seiner Fastenfibel: »Jedem Gesunden vom dreißigsten Lebensjahr an empfehle ich ein gelegentliches Fasten … Vom vierzigsten Lebensjahr an könnte bei unserer modernen Lebensweise eine Generalüberholung nötig und ratsam sein. Dazu gehört neben dem Konditionstraining

FASTEN IST EINE ÜBUNG DER SINNE UND FÜHRT ZUR REIFUNG, WODURCH SICH DER MENSCH VERÄNDERT, SODASS AUCH SEINE URTEILS- UND ENTSCHEIDUNGS- KRAFT ZUNEHMEN.

der ›Ölwechsel‹ durch ein längeres Fasten. Vorbeugen ist bekanntermaßen besser als Heilen.«

Nach der Kur macht der Fastende eine verblüffende Feststellung: Er ist feinsinniger und wacher geworden. Er nimmt die äußeren Bedingungen dadurch besser wahr und reagiert entsprechend darauf. Mancher hält nun allzu laute Musik nicht mehr aus, ein anderer verträgt überwürzte Speisen nicht mehr und schlingt auch nicht mehr so hastig wie früher.

Nicht alles wieder versalzen

Ich mache mir Gedanken über die Zeit nach dem Kloster. Dieses Fasten soll wirklich ein Neubeginn sein. Das fängt schon mit dem richtigen Aufhören des Fastens an. Auf keinen Fall, erklärt Fastenmeister Rhabanus, dürfe man nach dem Fasten sofort wieder zur Normalkost übergehen! Die Verdauungsorgane müssten sich erst wieder umstellen und langsam an die nun ungewohnte Belastung anpassen. Mit einem Apfel habe ich das Essen vor einer Woche beendet. Mit einem ungeschälten Apfel will ich morgen früh mein Fasten brechen – breakfast, eben »Fastenbrechen«, nennen die Engländer nicht von ungefähr diese erste Mahlzeit des Tages. Bissen für Bissen will ich essen, ganz langsam, und so lange, bis er wirklich ganz zerkaut ist.

> »JEDER DUMME KANN FASTEN, ABER NUR EIN WEISER KANN DAS FASTEN RICHTIG ABBRECHEN.«
>
> George Bernard Shaw

Armenspeisung im Kloster: Fasten heißt auch Geben

Erst viel später, am Abend meines Fastenbrechens, esse ich dann eine Kartoffelsuppe mit Gemüse und Kräutern – aber salzfrei. Man sollte anfangs auf Salz verzichten, rät Rhabanus, weil Salz Wasser bindet und man sich daher nach der angenehmen Leichtigkeit des Fastens schnell wieder schwer und aufgedunsen fühlt. Wer mit Salz beginnt, nimmt auch sofort ein Kilo zu und meint – jedenfalls körperlich betrachtet –, es sei alles umsonst gewesen. Also will ich mir nicht gleich wieder alles versalzen!

Der Essensaufbau in den folgenden Tagen kann verschieden aussehen:

- entweder nur Obst,
- nur vegetarisch,
- laktovegetarisch (mit Quark und Joghurt),
- oder Vollwertkost.

Grundsätzlich gilt: Fastenzeit ist gleich halbe Aufbauzeit. Habe ich sieben Tage gefastet, so sollte meine Aufbauzeit also mindestens drei Tage andauern. Das weniger Essen nach dem Fasten dürfte anfangs kaum Schwierigkeiten bereiten, verfügt man doch jetzt über die Grunderfahrung: Ich komme mit weniger Nahrung aus und bin dennoch leistungsfähig. Man kann sich Zeit nehmen: zum Riechen, Schmecken, Schlucken, Genießen.

»Denken Sie doch einmal an das Wort ›Mahl-Zeit‹«, hatte mir der Pater einmal aufgetragen. Damit meinte er, man sollte das Essen »mahlen« (mindestens zehnmal kauen vor dem Schlucken) und sich richtig »Zeit« dafür nehmen.

Wenn alle um mich herum »Schlingzeit« haben, will ich künftig »Mahl-Zeit« im wahrsten Sinne des Wortes halten. »Machen Sie es sich zur Gewohnheit, keine ›harten Brocken‹ mehr zu schlucken, indem Sie kauen, kauen, kauen.« Nun gut, ich habe mir jedenfalls vorgenommen, mich – wie ich es bei den Mönchen gesehen habe – vor dem Essen kurz zu besinnen und ein Dankgebet zu sprechen. Das Dankgebet bei

Essen nach dem Fasten

Um den Verdauungsapparat nach dem Fasten zu schonen und um eine neue Einstellung zum Essen zu bekommen, sollten Sie während der ersten Tage nach dem Fasten Folgendes beachten:

- Genießen Sie jeden Bissen und kauen Sie ihn gründlich.
- Essen Sie sich nie ganz satt.
- Essen Sie nur, wenn es Ihnen schmeckt.
- Nehmen Sie viele Ballaststoffe und leicht verdauliches Eiweiß zu sich.
- Verzichten Sie auf Salz, denn es bindet Wasser im Körper.
- Ruhen Sie nach dem Essen.

Tisch, dieses kleine traditionelle Ritual, bewusst vollzogen, wird uns auch helfen, nicht in die alten schlechten Essgewohnheiten zurückzufallen.

Neuen Gewohnheiten treu bleiben

Mit dem Wissen um das rechte Essen ist uns auch die Weisheit des rechten Aufhörens verloren gegangen. Essen und Nichtessen gehören zusammen wie Tag und Nacht. Fasten ist eine Vorbedingung für richtigen Genuss. Die Schüssel muss leer und ausgewaschen sein, bevor man sie mit Speise füllt. Der Magen muss leer sein, wenn man zu Tisch geht, sonst kann es einem nicht wirklich schmecken. Die Fastenzeit ist naturgegeben. Es ist eine Zeit der Erwartung, eine Zeit der Geduld und der Stärke.

Statt in alte Gewohnheiten zurückzufallen, versuche ich neue Gewohnheiten aus meinen Fastentagen beizubehalten. Ich will täglich mindestens zehn Minuten finden, in denen ich mich entspannen und beten kann. Ich will viel an der frischen Luft atmen, mich täglich bewegen. Ich spüre, dass das Fasten und die damit verbundenen anderen Übungen meine Selbst-

Abendessen im Kloster Jakobsberg

heilungskräfte stimuliert haben. Gerade weil ich noch gesund bin, will ich durch meine neue Lebenseinstellung möglichen Krankheiten vorbeugen.

Mit dem Fasten habe ich einen Blick für das harmonische und gesunde Maß bekommen, durch den Abstand zum Essenmüssen und zum Alltag ist mein inneres Gleichgewicht gestärkt. Ich habe Eigenschaften und Fähigkeiten in mir entdeckt, von denen ich vorher nichts wusste. Und die »Erleichterung« über all das ist mir buchstäblich anzumerken.

Fasten als Kunst der Lebensführung

Am Ziel meiner Fastenwoche warnt mich Rhabanus weitsichtig: »Bei allem Lob des Fastens: Es ist kein Allheilmittel.« Natürlich könne man nicht mit sieben Tagen Fasten alle »Sünden« der Ernährungs- und Lebensweise tilgen. Vielmehr gehe es darum, uns um eine dauerhafte Einstellung zum Essen und Genießen zu bemühen.

Alle noch so gut gemeinten moralisierenden Ratschläge – »Du sollst nicht schlingen!« – nützen nichts, wenn wir nicht auch durch regelmäßiges Fasten den Weg zu einem wirklich sinnlichen Genuss finden. Das dauerhafte richtige Essen ist wichtiger als das einmalige Fasten. Wer in seine alten Essgewohnheiten zurückfällt, braucht sich über den Jo-Jo-Effekt seiner Gewichtskurve genauso wenig zu wundern wie über den baldigen Verlust seines neu gewonnenen Freiheitsgefühls. Und auch die geistige Erneuerung und Heilung ist immer wieder bedroht, wenn wir uns nicht disziplinieren. Die Mönche wissen freilich auch sehr genau, dass es in ihren Reihen keinen Einzigen gibt, der seine Heiligkeit ausschließlich über das Fasten erreicht hätte.

Zu einer neuen Lebensführung gehört nicht nur das Entsagen, sondern auch die Warnung vor Einseitigkeit. Es gibt auch ein Unmaß an »Gesundem«, das manchmal schädlicher ist als ein maßvoller Konsum von »Ungesundem«. Es gibt nicht nur die Überlastung, sondern auch eine allzu große Schonung. Und das gilt nicht nur für die Bewegung, sondern auch für die Sinne.

DIE MÖNCHE LEHREN IM FASTEN VOR ALLEM DIE KUNST EINER LEBENSFÜHRUNG, DIE DIE NATUR DES MENSCHEN KULTIVIERT.

Das Essen muss duften, schmecken, muss wie ein Geschenk erfreuen. Heute essen viele Leute aber nicht mehr das, was ihnen schmeckt, sondern das, was »gesund« ist. Sie wählen ihr Essen nur noch nach Vitamin- oder Ballaststoffgehalt aus, nach Regeln fragwürdiger Diätlehrer, anstatt auf ihre natürlichen Regler zu hören, nämlich die eignen Sinne. Der Wiener Mediziner Rupert Klötzl spricht sich zwar für möglichst biologische Nahrungsmittel aus, glaubt aber, eine »rein wissenschaftliche Auswahl« könne auf Dauer nicht gut sein, weil das Leben viel zu komplex sei: »Um nicht solcherart unfrei zu werden, leite ich die Leute an, so zu kochen, dass sie auch schmecken, was sie essen.«

Freude und Lachen – Tröstungen des Alltags

Ganz unverkrampft sah es auch Erzbischof Roncalli, der spätere Papst Johannes XXIII., als er im Jahre 1936 das berühmte Kloster auf dem Berg Athos in Griechenland besuchte. Der beleibte Don Angelo

Roncalli hörte beim Vorübergehen zwei der in strenger Askese lebenden Mönche flüstern: »Wie wird es möglich sein, dass dieser Prälat mit seinem Bäuchlein in den Himmel eingeht, da doch dessen Pforte so eng ist wie ein Nadelöhr?« Roncalli drehte sich um und schaltete sich schlagfertig in das Zwiegespräch ein: »Der liebe Gott, der das Bäuchlein hat wachsen lassen, wird auch dafür sorgen, dass es durch das Nadelöhr geht.«

Vor über 600 Jahren hat der gelehrte Dominikanermönch Thomas von Aquin über die kleinen Depressionen des Alltags geschrieben. Als Tröstungen gegen die Traurigkeiten des Lebens, den wiederkehrenden Kummer und die Verzagtheit empfiehlt er das Lachen, Weinen, Schlafen, Beten, Baden, die Freundschaft und die Meditation. Diese natürlichen Mittel hellen die Gemüter auf – ohne Tropfen und Tabletten. Und auch das Fasten zählt zu diesen Dingen, die die Mühseligkeiten des Lebens ertragbar machen. Im Fasten habe ich viele kleine Dinge wieder entdeckt, die man nicht kaufen kann und die dennoch – oder gerade deshalb – einen so unglaublichen Wert haben.

Eine große und gute Feuerstelle

»Gott will den Menschen helfen, den rechten Weg zu finden und sich immer mehr in ihn hinein zu entfalten«, erläutert mir Pater Rhabanus.

Mönchisches Fasten hat daher ein konkretes, ein metaphysisches Ziel, das sich vielfach ausdeuten lässt. Es mündet immer in eine Art Neugeburt, in die Wiederauferstehung, und ganz konkret in das Fest der Auferstehung Jesu. Es ist die Überwindung des Todes – das größte Fest des Lebens.

Fasten und Verzicht zur Vorbereitung auf dieses Fest sind für die Mönche ein wunderbarer Weg der Erneuerung und Überwindung aller Lebensangst. Der Fastende muss sich vor und in der Welt nicht mehr fürchten, denn er weiß, er kann Zeiten des Hungers, Zeiten der Einsamkeit und Zeiten der Leere aushalten. Die Mönche und Nonnen wissen, dass sie von Gott geliebt sind, sie brauchen sich nicht selbst zuzuschütten, der Wirklichkeit ihres Lebens auszuweichen. Sie können sowohl mit dem Mangel umgehen als auch mit dem ekstatischen Fest, wie bei der Hochzeit zu Kanaa. Beides hat seine Zeit.

Die richtig großen Pläne

Die Mönche interpretieren die Schriften der frühen Kirchenväter nicht als überkommene historische Dokumente, sondern als zeitlose Botschaften für die Menschen aller Generationen. Die menschliche Natur hat sich schließlich nicht verändert. Sie hungert nach dem Eintauchen in die Gegenwart des Göttlichen. Das Fasten dient dazu, den Blick auf das Wesentliche zu lenken. Für das große Ziel, das persönliche Ostern, die Auferstehung gewissermaßen von einem Toten zu einem wieder ganz Kraftvollen und Lebendigen, lohnt sich die Mühe und Anstrengung. »Sobald man begreift, dass das Motiv der Askese ein Sichrichten auf ein lebendig empfundenes Ziel ist«, weiß ein kluger orthodoxer Mönch von der berühmten griechischen Klosterinsel auf dem Berg Athos über das Fasten zu berichten, »erkennt man sie als schöpferische Kraft.«

Das Fasten ist wie ein Brennglas des ganzen Lebens, sagen die Ordensleute. Darin werde dem Menschen nämlich auch ein Ziel bewusst, das weit über den gewöhnlichen Alltag hinausreicht. Ein alter Mönch zum Beispiel unterhält sich eines Tages mit einem jungen dynamischen Mann namens Robert. Der Mönch will von ihm wissen, wie seine Zukunftspläne aussehen. »Ich möchte schnellstens mit dem Jurastudium beginnen«, antwortet der Abiturient. »Und dann?«, fragt der Mönch. »Nun, dann möchte ich eine Rechtsanwaltspraxis eröffnen, später heiraten und eine Familie gründen.« – »Und dann, Robert?« – »Um ehrlich zu sein«, antwortet der junge Mann, »ich möchte recht viel Geld verdienen, mich möglichst früh zur Ruhe setzen und viele fremde Länder besu-

chen. Das habe ich mir immer gewünscht.« – »Und dann?«, fragt der Mönch in fast schon unhöflicher Beharrlichkeit. »Mehr Pläne habe ich im Augenblick nicht«, entgegnet Robert. Der Mönch sieht ihn an und sagt: »Deine Pläne sind viel zu klein. Sie reichen ja höchstens für achtzig Jahre. Deine Pläne müssen groß genug sein, um auch Gott einzuschließen, und weit genug, um auch die Ewigkeit zu umfassen.«

Im Fasten entriegeln wir die Fenster unserer Herzen

Viele Menschen haben Angst vor Gott wie vor einem Dieb, der ihnen alles wegnehmen will, was Spaß macht. Aber wenn die Mönche im Fasten auf Ostern hin ein Opfer bringen, dann wird ihnen von Gott dabei freilich nichts genommen, sondern sie werden mit Dingen beschenkt, die das Leben lebenswert

Ein neuer Morgen für den Neuanfang des Lebens

machen: Sinn, Erfüllung, Freiheit und Zufriedenheit. Vielleicht klingt das ein wenig fantastisch und überhöht, aber durch Fasten entriegeln die Mönche in der Tat ihre Fenster. Sie sperren die Tür auf und öffnen das Herz für den Eintritt einer ganz anderen, erweiterten Realität, einer höheren Macht und Kraft, die sie in dem Mann aus Nazareth, dem sie nachfolgen, immer wieder neu kennen gelernt haben.

Mein letzter Tag bei den Mönchen auf dem Jakobsberg trifft zusammen mit dem jährlichen großen Wallfahrtsfest zu den vierzehn Nothelfern. Der sonnige Sonntagmorgen hat Tausende von Gläubigen aus der Umgebung angelockt. Schon in aller Herrgottsfrühe sehe ich bunte Gruppen, Familien und stramme Einzelgänger von meiner Zelle aus die steile Holzstiege am Berg heraufziehen. Ein herrlicher Abschluss meiner Fastenzeit. Ich spüre, wie leicht ich mich Gott heute nähern kann. Ich habe viel Platz für ihn. Er beglückt mich mit allem, was ich nötig habe, mit allem, was mein Inneres warm, schön und angenehm macht.

Es ist der siebte Tag. »Und Gott«, so heißt es schlicht im Text der Genesis, »segnete den siebten Tag und heiligte ihn, weil er an ihm ruhte von allen seinen Werken, die Gott geschaffen und gemacht hat.«

Übung des Tages:
Anleitung zum Beten

Die täglichen Gebetszeiten, bei denen die Mönche Gott
lobpreisen, ihn anbeten, ihm danken, heben sie auf eine
höhere Ebene:
Dabei tauchen die Mönche in eine positive Gedankenwelt
ein, die nach und nach ihr Leben bestimmt. Die Gleichung
Loben = Leben klingt in den Psalmen, die die Mönche beten,
immer wieder auf. Nur wer lobt, der lebt, heißt es da. Wenn
Sie Ihr Fasten mit Beten verbinden, wird es eine noch
stärkere spirituelle Kraft entfalten. Der Schatz an Gebeten
ist überreich. Für den heutigen letzten Fastentag können
wir dabei einstimmen in den Fastenhymnus der Mönche:

Nun ist sie da, die rechte Zeit,
die Gottes Huld uns wieder schenkt,
nun ist er da, der Tag des Heils,
erfüllt von Christi hellem Licht.

Jetzt soll sich unser ganzes Herz
durch Fasten und Gebet erneun,
und durch Entsagung werde stark,
was müde ist und schwach und krank.

Holy Days
mit Blick nach vorn

Glocken im Kloster auf Berg Athos, Griechenland

Zu guter Letzt
ein dickes Lob

»Holidays« als Holy Days: Die Tage des Fastens bei den Mönchen waren für mich das, was das englische Wort für Urlaub wörtlich bedeutet – »heilige Tage«. Sie haben mich lebendiger gemacht, weil sie mein Herz öffneten. Und wer ein weites Herz hat, ist stark. Fasten bereitet zur Tat vor, wie das Schweigen auf das Wort vorbereitet. Vollsein schwächt, Fasten stärkt.

Das Opfer des Fastens besteht wie jedes Opfer aus zwei Teilen. Zuerst drückt es uns nieder. Das Fasten erscheint uns zunächst wie ein Nachteil, weil wir auf etwas verzichten sollen, was uns zur festen Gewohnheit und lieb und teuer geworden ist. Aber plötzlich machen wir unbeschreibliche Erfahrungen. Es ist, als ob sich ein irdischer Nachteil zu einem göttlichen Vorteil umwandeln würde. Was uns anfangs niederdrückte, richtet uns am Ende auf. Und dann, nach dem Fasten, richtet sich unser Blick endgültig nach vorn – weil wir unsere Vergangenheit und unsere Traurigkeit losgelassen und weil wir unsere Schmerzen vergessen haben, an die wir immerzu dachten.

Alles, was wir lange Zeit mit uns herumschleppten, was an uns hängt und klebt – beim Fasten trennen wir uns davon. Denn das Gewicht, unter dem wir zusammenbrachen, war unser eigenes. Das Fasten hat uns am Ende leicht gemacht, frei von falscher Eigenliebe. Fasten ist ein Absprung von uns selbst, der uns reifer macht.

Im Fasten zerreissen wir unsere Ketten und steigen aus dem Grab unserer Gewohnheiten und Süchte.

So verwirklichen wir unser wahres Sein. Nach dem Fasten haben wir neues Selbstvertrauen. Wir spüren es. Und die Menschen um uns herum spüren es auch.

Vom Schein zum Sein

Wer richtig fastet, so hat mir Pater Rhabanus noch mit auf den Weg gegeben, erkennt sich selbst. Und je mehr der Mensch sich selbst erkennt, desto besser geht es ihm. Er kommt dem Himmel näher. Während die ersten Christen voneinander als den »Glückseligen« sprachen (man sagte: der »glückselige Petrus« oder der »glückselige Dionysius«), sagen wir heute über unsere Freunde oft: »der arme Teufel«. Im Fasten, so mein Meister, können auch wir Glückselige werden. Wenn wir unser oft so festgefahrenes und entstelltes Leben durchbrechen, können wir einfacher zu unserem wirklichen Leben finden. Wir erahnen etwas von der Herrlichkeit, die in uns steckt, die jedoch verschüttet und überlagert war. Und wenn wir die Ehrfurcht vor uns selbst gefunden haben, werden wir auch gegenüber der Natur, gegenüber Gott und gegenüber unseren Mitmenschen wieder ehrfürchtiger.

IM FASTEN FINDEN WIR DIE EHRFURCHT VOR UNS SELBST WIEDER.

Der Pater hat Recht behalten. Mein Fasten, so konnte ich erleben, sensibilisiert die äußeren und die inneren Sinne. Der freiwillig gewählte Nahrungsverzicht, leichter und wirksamer als jede Diät, führt zu bewusstem und genussvollem Essen. Was kann ich wieder riechen, schmecken, fühlen! Und noch viel mehr: Für eine Minute, für eine Stunde, für einen Tag spürt der Fastende etwas vom Übernatürlichen, etwas, das über das irdische Leben hinausreicht. Denn am Ende der vierzigtägigen Fastenzeit steht die größte Freude überhaupt: Ostern! Mehr Pracht, mehr Glanz, mehr Kraft hat kein Fest der Welt.

Anhang

Fasten heißt auch, die Schöpfung als Geschenk anzunehmen.

Ausgewählte
Kloster-Tipps

Benediktinerkloster Jakobsberg

Der Besucher hat vom Benediktinerkloster Jakobsberg einen herrlichen Ausblick zum benachbarten Rochusberg bei Bingen, in das Rheintal und über den Rhein zur Abtei St. Hildegard in Eibingen. In den neuen Gebäuden des Klosters bieten die Missionsbenediktiner nicht nur für junge Menschen »Tage im Kloster« an, sondern auch zahlreiche weitere Bildungs- und Meditationsprogramme. Pater Rhabanus Petri führt zweimal im Jahr ein einwöchiges Fastenseminar durch (vor Ostern und im Herbst). Das Programm schließt die Teilnahme an den Chorgebeten und der Liturgie mit ein.

Benediktinerkloster Jakobsberg
55435 Gau-Algesheim
Tel.: 0 67 25 / 30 40
E-Mail: mail@klosterjakobsberg.de

Benediktinerabtei Münsterschwarzach

Nahe der Mündung der Schwarzach in den Main wurde Münsterschwarzach 788 als Frauenkloster gegründet. Nach dessen Erlöschen übernahmen es im Jahre 877 Benediktiner, deren Abtei heute ein bedeutendes Zentrum mönchischen Lebens in Deutschland darstellt.. Im Kloster leben heute rund hundert Mönche, deren Schwerpunkt die Jugendarbeit, die Erwachsenenbildung und die geistliche Begleitung von Priestern und Ordenleuten im Recollectio-Haus ist. Der durch zahlreiche Bücher bekannt gewordene Münsterschwarzacher Pater Anselm Grün bietet jährlich ein Fastenseminar an.

Benediktinerabtei Münsterschwarzach
97359 Münsterschwarzach
Tel.: 0 93 24 / 2 01
E-Mail: abtei.muensterschwarzach@t-online.de

Erzabtei der Missionsbenediktiner St. Ottilien

1887 entstand die Erzabtei St. Ottilien neben einem alten Wallfahrtskirchlein, das der elsässischen Fürstentochter und Äbtissin Ottilia geweiht ist. Der Gründer, Pater Andreas Amrhein aus Beuron, wollte die mittelalterliche Verbindung von benediktinischem Klosterleben und missionarischer Glaubensverkündigung neu beleben. Noch im Gründungsjahr wurden die ersten Missionare nach Afrika ausgesandt. Die Erzabtei ist heute das Stammhaus der Missionsbenediktiner mit weltweit über 1100 Mönchen in zwanzig Klöstern. Das Kloster verfügt über eine eigene Druckerei sowie über Werkstätten und Landwirtschaft zur Selbstversorgung. Neben häufig stattfindenden Exerzitien und Tagungen wird auch jährlich ein Fastenseminar angeboten.

Erzabtei der Missionsbenediktiner
86941 St. Ottilien
Tel.: 08 93 / 7 10
E-Mail: ottilien@t-online.de

Kloster St. Teresa der Teresianischen Karmeliten, Birkenwerder

Das Kloster St. Teresa wurde erst 1986 in der ehemaligen DDR gegründet. Ein früheres Kinderheim wurde als Exerzitienhaus eingerichtet und dem Teresianischen Karmel in Deutschland zur Betreuung anvertraut. Die kleine Gemeinschaft bietet Gruppenexerzitien, Stille Tage im Kloster und Fastenexerzitien an.

Kloster St. Teresa
Schützenstr. 12
16547 Birkenwerder
Tel.: 0 33 03 / 50 34 19
E-Mail: karmel.bkw@fast4net.de

Benediktinerabtei Königsmünster, Meschede

Im Mittelpunkt des Klostergeländes steht die Abteikirche, die in den Jahren 1962 bis 1964 erbaut wurde. Die einzige gegenständliche Darstellung in der Kirche ist das große Triumphkreuz über dem Altar. Für männliche Gäste gibt es einige Zimmer im Gastbereich der Abtei. Männliche und weibliche Gäste jeden Alters können in der »Oase«, dem Jugendgästehaus der Abtei, und im »Haus der Stille« untergebracht werden. Jährlich findet im Kloster ein Fastenseminar statt.

Benediktinerabtei Königsmünster
Klosterberg 1
59872 Meschede
Tel.: 02 91 / 2 99 50
E-Mail: abtei@koenigsmuenster.de

Benediktinerabtei Plankstetten

Die Klosterkirche ist nach dem Vorbild von Cluny im Burgund im romanischen Stil erbaut, die Türme stammen noch aus dem 12. Jahrhundert. Besucher werden im Gästehaus St. Gregor untergebracht. Das umfangreiche Programm des im oberpfälzischen Altmühltal gelegenen Klosters umfasst Angebote zur Spiritualität und geistlichen Bildung, Exerzitien, Wüstentage, Fastenseminare, Grundkurse des Glaubens, aber auch Ikonenmalerei und Musikveranstaltungen. Die Abtei will »ein Ort sein für Menschen, die Stille, Orientierung und religiöse Vertiefung suchen«. Das Kloster führt eine eigene, ökologisch ausgerichtete Landwirtschaft und zudem eine Bäckerei, eine Metzgerei und einen Hofladen.

Benediktinerabtei Plankstetten
Haus St. Gregor
92334 Berching
Tel.: 0 84 62 / 2 06-0
E-Mail: gaestehaus@kloster-plankstetten.de

Kloster Schwarzenberg der Franziskaner-Minoriten, Scheinfeld

Eine Marienwallfahrt seit Anfang des 16. Jahrhunderts führte 1699 zur Gründung des Franziskanerklosters. Das Kloster bietet heute mit siebzig Betten, mehreren Gruppenräumen, drei Gottesdiensträumen und einem herrlichen Garten inmitten einer ruhigen, reizvollen Landschaft den geeigneten Ort für Fastenkurse. Pater Müller lädt Menschen durch Fasten zur Umkehr mit Körper, Geist und Seele ein.

Kloster Schwarzenberg
Klosterdorf 1
91443 Scheinfeld
Tel.: 0 91 62/92 88 90
E-Mail: kloster.schwarzenberg@t-online.de

Kloster Tiefenthal

Das Bildungshaus der »Armen Dienstmägde Jesu Christi« in der Nähe von Eltville am Rhein hat im Laufe der letzten Jahre ein umfangreiches Programm der »geistlichen Begleitung« für Einzelpersonen, Gruppen oder Teams entwickelt nach dem Motto: »Du hast mehr Möglichkeiten, als du denkst – ganz zu schweigen von den Möglichkeiten Gottes mit dir.« Angeboten werden neben Urlaub im Kloster, Tanztagen, Lebens- und Glaubensvertiefung auch Exerzitien mit Fasten und Schweigen. Nähere Informationen geben Schwester Christeta und Schwester Petricia.

Bildungshaus ADJC, Kloster Tiefenthal
Schlangenbader Str. 22
65344 Eltville am Rhein
Tel.: 0 61 23/79 61 11 oder 79 61 41
Fax: 0 61 23/79 61 43

Weitere Informationen

Die aufgeführten Klöster verfügen in der Regel über sehr informative, ausführliche und optisch gut gestaltete Websites. Hinweise zu den einzelnen Benediktinerklöstern finden Sie unter der Sammeladresse:

www.benediktiner.de

Zahlreiche Informationen, darunter auch zum Thema Gesundheit, Veranstaltungstipps und Adressen zu 19 Stiften und Klöstern in Österreich bietet ein Netzwerk unter der Homepage

www.kloesterreich.at
Klösterreich-Geschäftsstelle
Prof. Kaserer Weg 333
A-3491 Straß
Tel.: 00 43 27 35 / 55 35 - 0
Fax: 00 43 27 35 / 55 35 14
E-Mail: info@kloesterreich.at

Kloster auf Zeit

»Atem holen« – eine Broschüre informiert über eine große Auswahl deutscher Klöster, die Frauen oder Männern eine Kloster-auf-Zeit-Woche oder ein Wochenende zum Kennenlernen anbieten. Mit Detailangaben über Kurse, Kosten, Zeiten und Ansprechpartner. Gegen Voreinsendung von Briefmarken erhältlich bei:

Vereinigung Deutscher Ordensobern
Am Knöcklein 13
96049 Bamberg
Oder: Vereinigung der Ordensoberinnen Deutschlands
Postfach 1318
56503 Neuwied

Bibliografie

Bamberg, Corona: *Was Menschsein kostet. Aus der Erfahrung frühchristlicher Mönche gedeutet,* Mainz 2001

Barbaric, Slavko: *Mit dem Herzen fasten,* Wien 2002

Benedikt von Nursia: *Die Benediktusregel. Regula Benedicti,* Beuron 2001

Bilgri, Anselm / Gerard, Klaus-Wilhelm: *Das Kloster Andechs Fastenbuch. Auf der Suche nach dem Wesentlichen,* Augsburg 2002

Bruker, Max O. / Gutjahr, Ilse: *Fasten – aber richtig,* Lahnstein 2001

Buchinger, Otto: *Mystik und Fasten,* Hannover 1956

Dahlke, Ruediger: *Bewusst Fasten. Ein Wegweiser zu neuen Erfahrungen,* München 1996

Danko, Josef: *Fasten,* Augsburg 1996

Fabian, Brigitte: *Fasten,* München 1998

Grün, Anselm: *Fasten. Beten mit Leib und Seele,* Münsterschwarzach 2001

Hohensee, Wolfgang: *Sieben Wochen für die Seele. Ein spiritueller Fastenbegleiter,* Gütersloh 2002

Krauß, Rüdiger: *Fasten und Lebenskultur. Neue Aspekte, Anregungen, Erfahrungswerte*, Königstein 1996

Kufner, Lore/Madlener, Barbara/Lauermann, Renate: *Fasten als Fest*, München 1988

Lanczkowski, Johanna: *Kleines Lexikon des Mönchtums und der Orden*, Stuttgart 1993

Lützner, Hellmut: *Wie neugeboren durch Fasten*, München 2002

Müller, Peter: *Leben spüren. Mein spiritueller Fastenbegleiter*, München 1999

Nigg, Walter: *Vom Geheimnis der Mönche*, Zürich 1990

Purk, Erich: *Weniger ist mehr. Der spirituelle Fastenbegleiter*, Stuttgart 2002

Schwikart, Georg: *40 Tage für die Seele. Ein Fastenbegleiter*, Gütersloh 1999

Seewald, Peter: *Die Schule der Mönche. Inspirationen für unseren Alltag*, Freiburg 2002

Tschudy, Julius Franz/Frumentius Renner: *Der heilige Benedikt und das benediktinische Mönchtum*, St. Ottilien 1979

Zander, Hans Conrad: *Von der Leichtigkeit der Religion. Kleine katholische Kalorienkunde*, Düsseldorf 1999

»Gutes aus Klöstern«

Informationen, Anfragen, Kataloganforderung:
www.manufactum.de

Kleines Abc der Mönche: Begriffe aus dem Ordensleben

Abt/Äbtissin Von aram./griech. »abbas«, Vater. Abt (Männerklöster) oder Äbtissin (Frauenklöster) sind die Vorsteher eines selbstständigen Benediktinerklosters (Abtei) und werden in der Regel auf Lebenszeit gewählt

Abtei Selbstständiges Kloster von Mönchen und Nonnen, die nach der Regel Benedikts leben

Apostolat Missionarische Aufgabe zur Weitergabe des Glaubens durch das Zeugnis christlichen Lebens und durch Seelsorgearbeit

Armut Eines der drei klassischen Ordensgelübde (»Evangelische Räte«) – neben Ehelosigkeit und Gehorsam

Askese Einübung ins geistliche Leben

Brevier Texte des Stundengebets (Stundenbuch), v. a. für das private Gebet zusammengestellt

Cellerar Der Verwalter der gesamten Klosterwirtschaft

Chor, Chorgebet Kirchenraum (meist in der Apsis), in dem das Chorgebet verrichtet wird

Einsiedelei Lebensort eines Eremiten

Eremit Einsiedler. Das Eremitentum (Leben in der Einsamkeit) galt in der Frühzeit der Mönche als die monastische Lebensweise schlechthin

Exerzitien Geistliches Programm über verschiedene Tage hinweg unter Anleitung. Es soll zu einer neuen Begegnung mit Christus und in die eigene Mitte führen

Gelübde Versprechen. Die klassischen Ordensgelübde sind Armut, Keuschheit, Gehorsam

Gregorianischer Choral Einstimmige Gesänge beim Gottesdienst mit eigenen Tonarten. Sie wurden im Zusammenhang mit der Liturgiereform von Papst Gregor dem Großen eingeführt

Guardian Oberer in einer franziskanischen Gemeinschaft

Habit Ordensgewand (Kutte)

Hore Von lat. »hora«, Stunde. Stundengebete zu einer bestimmten Tageszeit: Vigil (am Vorabend), Matutin (am Morgen), Laudes (Morgenlob), Terz, Sext und Non (um neun, zwölf und 15 Uhr; Sext und Non werden gelegentlich zum Mittagsgebet zusammengefasst), Vesper (Abendlob), Komplet (Gebet zur Nachtruhe)

Kapitel 1. Abschnitt aus der Ordensregel; 2. Versammlung der Klostergemeinschaft im Kapitelsaal

Katechese Unterweisung im Glauben

Klausur Abgeschlossener Bereich eines Klosters, für Außenstehende allgemein nicht zugänglich

Kloster Von lat. »claustrum«, abgeleitet von »claudere«, schließen, abschließen. Gängigste Bezeichnung für Ordenshäuser

Kommunität, Konvent Hausgemeinschaft von Ordenschristen

Kreuzgang Offener oder geschlossener viereckiger Gang um einen Garten innerhalb des Klosters. Der Name bezieht sich nicht auf die Form des Ganges, sondern auf das Kreuz, das hier bei Prozessionen vorangetragen wird

Kontemplation Christliche Betrachtung und Besinnung; Konzentration auf Leben und Botschaft Christi. Kontemplativ orientiert sind Orden, die ihre Hauptaufgabe in Meditation oder schweigender Betrachtung sehen

Laudes Gemeinsames Morgenlob, Stundengebet

Lectio divina Geistliche Lesung

Liturgie Feier der Eucharistie und des Chorgebets nach dem liturgischen Kirchenjahr

Meditation Geistliche Übung, mit deren Hilfe man den Weg zur Mitte finden soll, geleitet von einem Wort, Text oder Bild

Monastisch Lebensform und Kultur der Mönche. In den romanischen Sprachen leitet sich das Wort für Kloster vom selben Wortstamm her (ital. »monastero«; span. »monasterio«; franz. »monastère«)

Mönch Von griech. »monachos«, Einsiedler

Nonne Von lat. »nonna«. Weibliches Mitglied einer monastischen Gemeinschaft

Noviziat Probezeit der Ordensleute (Novizen)

Oblaten Laien, die sich einer bestimmten Ordensgemeinschaft zugehörig fühlen und in ihrem Alltag nach deren Regeln leben

Orden Religiöse Glaubensgemeinschaft

Pater Von lat. »pater«, Vater. Mönch mit feierlicher Profess

Postulat Zeit der Bewerbung um das Ordensleben, bis zu sechs Monaten

Prior/Priorin Vertreter des Abtes bzw. der Äbtissin

Profess Das Ablegen der Gelübde auf Zeit oder auf Lebenszeit (ewige Profess)

Provinzial Leiter einer Ordensprovinz

Refektorium Speisesaal eines Klosters

Regel Ordnung einer Gemeinschaft. Sie wird durch die Konstitution den Zeitumständen angepasst

Rekreation Erholungszeit

Säkularisation Um 1802/03 erfolgte Enteignung kirchlichen Eigentums, der in Europa Tausende von Klöstern zum Opfer fielen

Stundengebet Gebet der Kirche, zu dem alle Ordensleute und Kleriker verpflichtet sind. Es teilt den Tag auf in Gebetszeiten (siehe auch Hore)

Vesper Abendgottesdienst

Bildnachweis

Akg, Berlin: S. 96

Bibliothèque Royale de Belgique: S. 109

Robert Boecker, Bergheim: S. 196

Fischer, Louis, *Gandhi, Prophet der Gewaltlosigkeit*, München 1983: S. 27

Andrea Göppel, Bobingen: S. 12, 50, 77, 136, 193, 200

Robert Harding Associates: S. 24

Hans-Günther Kaufmann, Miesbach: S. 31, 39, 46, 58, 63, 160, 167, 176, 184, 189, 204, 208

Lois Lammerhuber, Baden/Österreich: S. 40, 68, 81, 124, 131, 155, 180

Rupert Leser, Bad Waldsee: S. 104, 114, 120, 144, 173

Middle East Archive: S. 32

Bernhard Müller, Kisslegg: S. 17

Provatakis, Theocharis, *Meteora*, Athen 1983: S. 20

Hans Siwik, Rabenau: S. 8, 49, 84, 90, 140, 148, 170

In gleicher Ausstattung erschienen:

224 Seiten, 45 s/w-Abbildungen · ISBN 3-453-86932-X

Jahrhundertelang prägten Mönche und Nonnen die Heilkunst in
Europa und entwickelten dabei ebenso einfache wie wirksame
Rezepte. Das Buch stellt den ganzheitlichen Gesundheitsbegriff
der Mönche vor und gibt praktische Ratschläge für Arzneien,
Entspannungsmethoden und spirituelle Hilfe.

HEYNE ‹